가족이 함께하는 Workbook

지금 바로 시작하는
자산승계계획

_____ 님께 드립니다.

지금 바로 시작하는 자산승계계획
가족이 함께하는 Workbook

초판 1쇄 발행 2022년 1월 20일
 2쇄 발행 2022년 2월 24일

지은이 박근서, 박주훈, 유민수, 박종현, 정성경
펴낸이 장길수
펴낸곳 지식과감성#
출판등록 제2012-000081호

교정 김혜련
디자인 박예은
편집 박예은
검수 양수진, 이현
마케팅 고은빛, 정연우

주소 서울시 금천구 벚꽃로298 대륭포스트타워6차 1212호
전화 070-4651-3730~4
팩스 070-4325-7006
이메일 ksbookup@naver.com
홈페이지 www.knsbookup.com

ISBN 979-11-392-0279-3(03320)
값 12,000원

• 이 책의 판권은 지은이에게 있습니다.
• 이 책 내용의 전부 또는 일부를 재사용하려면 반드시 지은이의 서면 동의를 받아야 합니다.
• 잘못된 책은 구입하신 곳에서 바꾸어 드립니다.

지식과감성#
홈페이지 바로가기

가족이 함께하는 Workbook

지금 바로 시작하는
자산승계계획

박근서 박주훈 유민수 박종현 정성경

우리는
건강한 가족이
가족기업의 성장발전을 이끌고
튼튼한 가족기업이
사회와 경제에 기여한다는 것을
믿습니다.

목차

프롤로그 세대를 이은 재산의 축적, 어떻게 해야 하나 _8

1장 자산승계계획이란

왜 계획이 필요한가 _16
사례에서 얻은 경험 _18

2장 목표의 설정

원칙 1. 승계는 은퇴가 아니다 _32
원칙 2. 명확한 목표를 설정한다 _34
나의 자산승계계획 목표 _42

3장 가족

원칙 3. 가족의 공유된 가치관을 승계하라 _51
원칙 4. 승계과정에 가족을 참여시키고 원활한 승계에 기여하게 하라 _65
가족의 역동성에 대한 이해 _67
가정에서의 공정함 _76
가족의 참여를 가능하게 하는 가족회의 _79

4장 사업

원칙 5. 기업가치, 가격이 최우선이 아니다 _88
사업의 영속을 위한 승계방식 _89
후계자의 선정과 주식이동 _91
후계자와 함께하는 기업의 영속계획 _95
기업가치 증대에 필요한 핵심동인의 파악과 투자 _106
Contingency Plan(비상경영계획) _109

5장
재산과 기업의 소유권

원칙 6. 자산승계 계획은 가능한 한 빨리 시작하라 _114
자산의 이동과 절세계획 _115
원칙 7. 평등한 것이 공평한 것은 아니다 _127
분쟁의 예방과 소유권 보존체계의 수립 _129
재산의 배분 _139

6장
My Plan 결정과 행동

원칙 8. 전문가와 함께하라 _150
원칙 9. Just Do It _152
My Plan _154

부록 가족헌장 작성사례 _172
참고문헌 _178

프롤로그

세대를 이은 재산의 축적, 어떻게 해야 하나?

베이비부머 세대의 막대한 자산 이동이 시작되었습니다. 산업화시대에 창업하여 우리나라 성장을 주도하며 상당한 부를 축적한 세대가 대부분 은퇴하는 시기가 다가온 것입니다. 다가올 10년은 유례없는 위험과 기회가 공존하는 시대입니다. 이런 막대한 자산이 이동하는 시대에 미리 자산의 승계를 계획하고 실행한다면, 세대를 이은 재산의 축적이 가능한 좋은 기회를 만들 수 있고, 자녀들에게는 새로운 혁신과 기업가 정신의 씨앗을 물려줄 수 있을 것입니다.

재산증여와 사업승계를 이미 성공적으로 완수한 분들의 충고는 분명하고도 명확합니다. 가능하면 빨리 자산승계계획을 세우라는 것입니다.

대부분의 사람들은 매스컴에 오르내리는 자산가의 상속분쟁이나 법률공방, 그로 인한 가족해체가 나하고는 관계가 없다고 말합니다. 재산도 그리 많지 않고, 자녀들 간의 우애가 좋기 때문에 우리 집에는 발생하지 않을 일이라는 것입니다. 그러나 저마다 커가면서 꼭꼭 숨겨두었던 가족관계의 서운함, 시기심, 평등하지 않다는 생각이 재산과 결부되면, 감정이 분출되기 시작하여 걷잡을 수 없는 파국으로 치닫게 되는 일들도 많습니다.

그러므로 자산승계에 관한 계획을 세우는 과정에 가족구성원을 참여하게 하여 미처 배려하지 못했던 자식들의 이야기를 들어주고 아픔을 헤아려주는 등 이전의 서운한

마음을 치유할 수 있어야 합니다. 가족구성원이 참여하는 가족회의를 통하여 서로 소통하고, 이해하며 과거의 상처를 어루만지고, 현재의 상황에 집중함으로써 가족의 화목을 꾀할 수 있습니다. 재산을 그냥 물려주는 것이 정답은 아닙니다. 재산만큼 중요한 것이 재산을 보는 가치관을 물려주는 것입니다. 재산을 어떻게 모았고, 어떻게 쓰는 것이 좋을지, 이렇게 모은 재산을 자녀들이 어떻게 보존, 관리, 증식하고, 손자녀에게는 어떻게 물려주라는 가족공동의 생각이 있어야 세대를 이은 재산의 축적이 가능합니다.

또한, 많은 가족기업의 CEO들은 평생에 걸쳐 이룩한 소중한 자신의 기업이 영속될 수 있기를 간절히 원합니다. 재산의 상당부분은 기업의 형태로 존재하며, 기업의 가치를 제고하는 것이 재산을 증가시키는 것입니다. 나의 분신과도 같은 사업을 기꺼이 물려받아 내가 성취한 것보다 더 성장 발전시키겠다는 후계자를 선정하여 주식을 이동함으로써 기업지배구조를 굳건히 하고, 후계자와 함께 기업을 영속할 수 있는 계획을 수립하여 실행할 수 있어야 세대를 이은 재산의 축적이 가능하게 됩니다.

일반적으로 기업과 재산을 빨리 물려주어서는 안 된다고들 말합니다. 소유권을 빨리 이전하게 되면, 잘못된 소비와 투자로 재산을 날려버릴 위험도 있고, 권력 및 후광효과의 상실 등으로 스스로 무기력해질 가능성이 있다고 생각하기 때문입니다. 그러나 공유재산의 소유와 운영에 대한 협약, 신탁제도의 설계 및 유언서 작성 등 법적 제도를 활용하여 소유권의 이전시기를 늦추거나, 기업의 경영권과 소유권의 승계시기를 달리하는 등 재산과 기업에 대한 지배력을 계속 유지할 수 있는 승계계획을 세울 수 있으므로 계획을 조기에 수립하는 것이 무엇보다 중요합니다. 계획을 수립하지 않고 애매한 태도로 차일피일 미루다 보면, 가족의 화합, 세대를 이은 재산의 축적은 쉽지 않습니다.

이 책은 다른 사람들의 경험에 기초하여 얻게 된 교훈을 바탕으로 승계과정의 큰 그림을 이해하고, 승계과정에서 발생할 수 있는 여러 가지 이슈를 파악하여, 이를 극복하기 위해서 무엇을 어떻게 해야 할지에 대한 생각의 구조를 제공하기 위해 만들었습니다. 즉, 승계과정의 여러 이슈들에 대해 생각하고, 이해하여 분석한 결과를 바로 행동으로 옮기게 하기 위한 것입니다.

1장에서는, 자산승계계획은 가족구성원을 승계과정에 참여시켜 가족 개개인에게 성장할 기회를 제공하고, 가족의 일원으로서 원활한 승계에 기여한다는 자부심을 갖게 하여 가족의 화목과 단합을 도모함으로써 세대를 이은 재산의 축적을 가능하게 하는 것으로, 사례에서 얻은 경험을 바탕으로 왜 자산승계계획이 필요한지에 대해 설명하고 있습니다.

2장에서는 자산승계를 통해 원하는 결과를 달성하기 위해서는 명확한 목표를 정하는 것이 승계계획의 출발점으로, 본인의 생각을 정리할 수 있도록 하였습니다.

3-5장에서는 가족기업은 가족, 기업, 재산과 소유권이라는 3개의 독립된 시스템이 유기적으로 결합되어 작용하는 복잡한 시스템으로 각각의 시스템에 대해 살펴봅니다. '가족기업의 3차원 시스템'은 가족기업의 특징과 메커니즘을 이해하고 연구하며 분쟁을 해결하는 데 가장 보편적으로 사용되는 이론입니다. 이 책에서도 '가족기업 3차원 시스템'을 바탕으로 가족, 기업, 재산 및 소유권 시스템 각각의 관점에서 자산승계계획을 세우기 위해 필요한 개념과 목표, 도전과제에 대해 이해하고, 장애요인을 극복할 수 있는 방법을 찾아 실행할 수 있는 계획을 수립하도록 설명하고 있습니다.

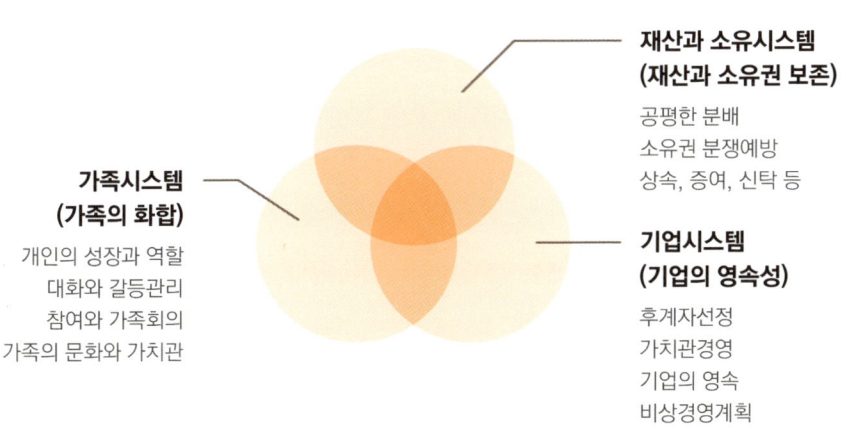

[표-1] 가족기업의 3차원 시스템

3장은 가족시스템 관점에서, 재산을 이어갈 주체인 자식들과 대화하고 소통하며 그들의 생각과 의견을 경청하여 숨겨진 욕구를 파악함으로써 가족 개개인에게 성장할 기회를 제공하고 또한, 승계과정에 가족구성원을 참여시켜 가족의 일원으로서 원활한 승계에 기여한다는 자부심을 갖게 하여야 합니다. 그 결과 가족이 공유하는 가치관을 발견하고, 이를 공유하며 승계함으로써 가족의 화합을 도모하는 방안에 대해서 알아봅니다. 4장은 기업시스템 관점에서, 후계자의 선정과 후계자에 대한 주식이동 방법을 살펴보고, 후계자와 함께 기업의 영속을 가능하게 하는 조직과 시스템을 만들어 기업가치를 증대하는 방안에 대해서 생각해봅니다. 5장은 재산과 소유권 시스템 관점에서, 세금부담을 최소화하는 자산승계 방안과 축적된 재산을 공평하게 배분함으로써 분쟁 없이 소유권을 이전할 수 있는 체계에 대해서 살펴봅니다.

6장에서는 앞서 검토한 사실과 정보에 기초하여, 단편적으로 해왔던 의사결정들을 다시 한번 돌이켜 보고, 이를 통합함으로써 자산승계의 목표를 달성하기 위한 행동에 옮길 수 있도록 본인의 자산승계계획을 스스로 만들어보도록 하였습니다.

이 책은 주로 가족기업의 승계계획에 적용하기 위해 썼으나, 한편으로는 기업경영을 하지 않는 부유한 중산층에도 활용할 수 있습니다. 최근 부동산, 주식 등 자산가치 증가로 과거에는 부자들에게만 해당되었던 고율의 상속 증여세를 상당수의 중산층도 부담하게 되었습니다. 기업을 경영하지 않더라도 임대용 부동산 등 다양한 형태의 재산을 보유한 사람들 역시 재산증여의 시기와 방법뿐 아니라 가족관계의 역동성, 가족 간의 분쟁예방, 재산의 승계에 따른 세무 및 법률 등 제반 문제를 고려할 필요가 있습니다. 부동산이나 금융재산 등의 자산을 가족구성원에게 증여하는 경우에도 축적한 재산을 단순히 나눠준다는 차원이 아니라, 대화와 소통을 증대시키는 가족회의를 통해 가족들이 공유하는 가치관을 발견하고 이렇게 공유된 가치관을 승계하는 과정을 함께하여 가족의 화합을 이루고, 부담할 세금을 최소화하며 분쟁을 예방하기 위한, 소유권에 대한 도전과제를 해결함으로써 세대를 이은 재산의 축적이 가능하도록 이 책에 있는 기본 개념을 적용할 수 있습니다.

이 워크북이 자산승계에 대한 스스로의 생각을 정리하고 가족의 화합, 기업의 영속 그리고 공평하고 분쟁 없이 재산을 승계할 수 있는 계획을 수립하고 행동으로 옮기는 데 도움이 되어 **'세대를 이은 재산의 축적'**을 할 수 있게 되길 기대합니다.

공저자 박주훈, 유민수, 박종현, 정성경을 대표하여 박근서

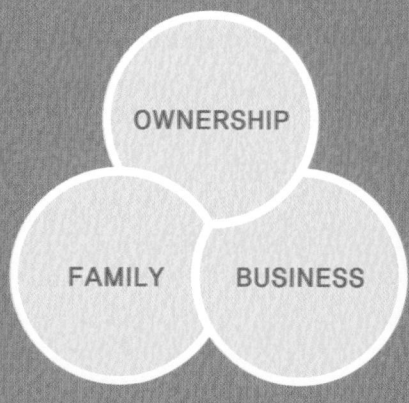

1장

자산승계계획이란

자산승계계획은 가족구성원을 승계과정에 참여시켜 가족 개개인에게 성장할 기회를 제공하고, 가족의 일원으로서 원활한 승계에 기여한다는 자부심을 갖게 하여 가족의 화목과 단합을 도모함으로써 세대를 이은 재산의 축적을 가능하게 하는 것입니다.

왜 계획이 필요한가

모든 사람은 어느 시점이 되면, 축적한 재산과 기업의 경영권 및 소유권을 자녀들이나 다른 사람에게 이전하여야 할 때가 필연적으로 옵니다.

자녀가 혼자뿐이거나 가진 재산이 많지 않아 승계에 대해서는 나름대로 의도한 생각이 있으니 그것으로 충분하다고 여겨 굳이 계획을 수립할 필요가 있는지 의문을 갖는 사람도 있습니다. 그리고 현재의 경영환경은 불확실성이 많고, 계획을 세우는 데에는 많은 시간이 소요될 뿐 아니라 매일매일의 급박한 일 때문에 승계문제는 우선순위에서 밀려나기도 합니다.

그러나 나 자신의 미래뿐 아니라, 가족의 화합, 내가 하는 사업의 영속성 확보와 보유한 재산의 공정한 배분 등 승계과정에서 발생하는 사안의 복잡성 때문에 내가 막연하게 생각했던 원하는 결과를 만들어내기란 쉽지 않습니다.

재산증여와 가업승계는 하루아침에 이루어지는 것이 아닙니다. 세대를 이은 재산의 축적을 가능하게 하는 자산승계계획의 목표를 이루기 위해서는 상당한 시간과 노력을 들여 준비하여야 합니다. 승계과정에는 계획, 생각, 토론, 포기, 결정의 과정이 반복적으로 일어납니다. 계획을 빨리 시작할수록 가족과 기업을 위해서 진정으로 원하는 바가 무엇인지, 어떻게 하면 그것을 달성할 수 있는지에 대하여 파악하고 결정할 수 있습니다.

승계는 결과입니다. 의도하는 자산승계계획 수립의 결과가 정말 중요하다면, 이를 우연이나 운명에 맡길 수는 없습니다. 가능한 한 빨리 계획을 수립하여야 합니다.

자산승계계획은 은퇴나 과거에 관한 것이 아니라 성장과 미래에 관한 것입니다. 계획과 준비 없는 상속으로 재산분배과정에 갈등과 분쟁이 발생하고 막대한 조세를 부담하게 되어 가족과 기업의 해체를 가져온 사례는 생각보다 주위에 많습니다. 재산축적과 가족화합을 우연이나 운명에 맡기지 않으려면, 본인 스스로 주도적이고 적극적으로 계획을 수립하여야 합니다.

사례에서 얻은 경험

저희는 상속증여계획 수립과 세무자문, 사업승계과정에 있는 CEO와 후계자에 대한 코칭, 기업지배구조개선, 기업구조조정 및 기업인수 및 매각(M&A) 자문 등 자산의 승계와 관련된 많은 사례와 해결책을 고민해왔고, 본인에 맞는 가장 적합한 방법을 선택하여 제시하였습니다. 그러나 저희가 만났던 많은 분들은 자산승계에 있어 절세방안에 대해서는 큰 관심을 두는 반면, 자산승계를 통해 달성하고자 하는 목표, 가족의 화목과 단합을 이루어내는 방안, 사업의 영속성 도모와 기업가치의 증대, 분쟁과 갈등을 예방하는 법률적 구조에 대해서는 충분한 고려를 하지 않고 있었습니다. 이러한 경우 최적의 절세방안이 수립된다 하더라도, CEO 본인 및 그의 가족, 기업 모두에게 필요하고 원하는 것을 충족하지 못하는 경우가 종종 있습니다.

자산승계를 위한 정형화된 방법론이나 황금법칙은 없습니다. 모든 가족과 기업은 독특한 역사와 문화가 있어 처한 상황이 다르므로 자산승계계획은 각 가족과 기업의 특성에 따라 최적화되어야 합니다. 그러나 재산의 증여와 가업승계를 계획하고 실행하는 과정에 발생하는 다양한 도전과제와 장애요인은 대부분 유사합니다. 자산승계의 준비단계부터 가족과 기업에 알맞은 자산승계의 목표를 정하고 이를 달성할 수 있도록 계획을 세우는 것이 중요합니다.

본론에 들어가기에 앞서, 자산승계과정을 마무리한 가족과 회사가 직면하였던 도전 과제와 이를 해결한 소중한 경험을 살펴보겠습니다. 예시된 것은 특정 고객의 사례를 그대로 정리한 것은 아니며, 이해를 돕기 위하여 경험을 바탕으로 재구성한 것입니다.

> 사례1. 가족 간의 분쟁, 돈 많은 자산가에게만 발생할까?
> 사례2. 임대용 부동산의 양도/증여/신탁/상속
> 사례3. 가업승계 – 나의 생각 vs 자식들의 생각
> 사례4. 사업의 구조개편과 분할/합병을 활용한 경우
> 사례5. 장남을 후계자로 정하여 경영하게 한다

사례1
가족 간의 분쟁, 돈 많은 자산가에게만 발생할까?

현황과 고민

대부분의 사람들은 매스컴에 오르내리는 자산가의 상속분쟁, 법률공방과 가족해체가 나하고는 관계가 없다고 말한다. 재산도 그리 많지 않고, 자녀들 간의 우애가 좋기 때문에 우리 집에는 발생하지 않을 일이라는 것이다. 과연 그럴까?

통상 10억 원 이상의 자산을 보유한 사람이 사망하면, 상속세 신고의무가 생기는데, 요즘 세대들은 투철한 권리의식이 있고 평등하기를 원한다. 그러나 부모의 입장에서는 평등한 것이 공평한 것은 아니라고 생각한다. 장남의 경우, 클 때는 경제적으로 어려워 충분히 지원을 못 하였고, 지방대학을 나와 평범한 회사에 취직하여 아직 가정을 꾸리지도 못한 상태에서 부모님과 함께 살고 있다. 차남은 비교적 사정이 나은 시절에 키워 유학도 보내고, 법학전문대학원을 졸업하여 국내 유수 로펌의 변호사가 되었고, 결혼을 하여 서울에 살고 있다.

형제들 간에는 양보하거나 배려하는 우애가 있을 수 있으나 결혼을 하여 배우자가 생기면 상황이 달라진다. 아무런 계획과 협의 없이 상속이 개시되면, 장남과 차남이 균등하게 재산을 분배받아야 한다는 며느리의 주장에 어떻게 반응해야 할까?

시사점과 Solution

1. 빠듯한 생활에 법률적으로 보장된 당연한 권리를 받게 되는 상속재산을 마다할 형편이 안 된다. 견물생심이라 하지 않는가? 더욱이 자식이 결혼을 하여 가정을 가지게 되면, 다른 집과 비교하거나, 과거의 묵은 사건들도 이야기하는 등 배우자가 자식을 부추기기도 한다. 가족 간의 감정이 재산과 얽히게 되면, 재산의 과다에 불구하고, 가족 간의 갈등과 분쟁은 자연스러운 것이다.

2. 상속세는 고인이 사망한 날의 말일로부터 6개월 이내에 신고하여야 한다. 신고할 때 각각의 상속인 몫을 정하여야 하는데 유언이 없으면 법정상속분대로 재산을 받게 된다. 법정상속분은 자녀의 경우 균등하게 받을 권리가 있고, 배우자는 자녀 몫의 50%를 가산하여 받는다. 자녀가 둘 있는 경우의 법정상속분은, 배우자 몫은 3/7(1.5/3.5), 자녀의 몫은 각각 2/7(1/3.5)이 된다. 또한, 유언이 없을 경우 어떤 재산을 누가 받을지는 상속인들이 협의해서 결정(협의분할)하여야 한다.

3. 배우자의 주도적 역할
가족구성원들이 법률에 의해 각각 상속받게 되는 재산의 배분이 평등하고 공평한가? 어머니가 중재자로 나서는 것이 바람직하다. 자녀들의 현재 상태, 나이, 환경 및 재산증식에 대한 기여, 부모부양에 대한 기여가 다르므로 무엇이 공평한 것인지에 대한 대화와 소통이 필요하다(며느리는 제외하여야 한다). 가족의 화목을 유지할 수 있는 유산배분을 위해서는 아버지가 남긴 유산에 대해 설명하고, 나름 공평하다고 생각하는 배분원칙과 각자의 몫에 대한 의견을 물어본 후 합의해서 배분할 수 있어야 한다. 의견수렴 결과를 기초로, 여러 가지 상황을 종합적으로 고려한 결정을 하게 되는데, 그러한 결정의 배경을 설명하고, 장남과 차남에게 기대하는 바를 명확히 전달할 필요가 있다. 이와 같이 공정한 절차를 거치게 되면 유산배분에 대한 어머니의 결정에 선뜻 동의하기 어려울 수 있으나, 어머니의 결정을 수용할 수 있는 것이다.

4. 가족의 화합과 단결이 깨지는 것은 재산이 크면 클수록 빠르게 진행되며, 상속자산에 대한 분열된 의견은 가족 구성원들을 서로 영원히 회복할 수 없는 갈등관계로 몰아넣을 수 있다.

사례2
임대용 부동산의 양도/증여/신탁/상속

현황과 고민

서울 마포에 꼬마빌딩을 가진 김재산님(80세)은 치매상태인 배우자와 슬하에 1남 3녀가 있다. 장남은 사회성이 부족한 편이고, 딸 2명은 미국에 거주하고, 막내딸이 아버지와 같이 살며, 건물임대 관련 일을 도와주고 있다. 장남의 아들(손자)을 끔찍이 생각하여 유학비를 도와주는 등 상당한 재산을 사전에 증여하였다.

본인의 사후에 자식들 간에 재산싸움이 일어날 것이라 생각하여, 세금을 최소화하면서 분쟁을 예방할 수 있는 상속, 증여방안을 고민해달라는 막내사위의 요청에,
A. 연세가 많고 건강이 좋지 않으므로 건물을 보유하다 상속하는 방안이나,
B. 세금을 최소화하고, 분쟁을 예방할 수 있도록 장남을 부동산의 수탁자로 하고, 임대료에 대한 수익권을 본인 생전에는 본인과 장손이 1/2씩 갖고, 본인 사망 후에는 부동산의 원본수익권과 운용수익권을 자식 4명이 동일하게 가지는 것으로 건물을

민사 신탁하는 방안을 제안하였다.

수차례 논의하였으나 본인의 나이가 많고, 신탁구조에 대한 이해가 어려워, 본인이 건강할 때, 부동산을 양도하고 세금 납부 후 매각대금을 자식들에게 증여하기로 결정하였다.

시사점과 Solution

1. 부동산을 110억 원에 양도하기로 결정하였는데, 양도소득세로 40억 원을 납부하였다. 임대보증금 10억 원을 제외한 60억 원을 자식 4명에게 각각 15억 원씩 증여하고, 증여세를 1인당 각각 4억 원을 납부하였다. 증여 이후에 1년이 안 되어 사망하게 되어 상속세를 신고하였는데, 추가로 상속세 7억 원을 납부한 바, 세금을 차감하면 자녀 1인당 9억 원이 상속된 결과가 된 것이다.

2. 양도를 하지 않고 상속이 개시되거나, 신탁을 설정하였다면, 양도소득세는 납부할 필요가 없었으며 상속세는 40억 원 상당이 된다. 상속 이후에 부동산을 110억 원에 양도하면, 취득가액은 상속가액이 되므로 양도소득세는 거의 없게 되고 임대보증금 10억 원과 상속세 40억 원을 제외하면 상속재산은 60억 원으로 자녀 1인당 15억 원이 상속된 결과가 된다.

3. 상속세는 신고일로부터 9개월 이내에 세무조사를 거쳐 세금을 결정하게 되는데, 현행 세법은 고인이 예금에서 인출한 금액이 일정금액 이상을 초과거나 채무를 부담한 경우 어디에 사용했는가를 상속인들이 입증하여야 한다. 입증하지 못할 경우 이를 사전증여한 것으로 보아 상속재산에 포함하여 세금을 결정한다. 이를 위해 세무조사과정에 고인의 금융계좌를 조회하여 지출된 금액의 사용처를 확인하는데, 상속개시일 전 10년간의 금융계좌를 추적하여 사전증여가 있는지를 확인하고 심지어 자녀들의 재산증가에 대한 자금출처에 관해서도 따지게 된다.

본인의 평상시 언행과 달리 고인의 금융계좌 추적과정에 장남의 아파트 매입 시 10억 원 상당을 증여하였고, 손자에게 3억 원 상당의 유학비용을 지출했다는 사실을 알게 되었다. 자녀들 각각의 경제사정이 다르므로 유산의 분배과정이 공정하지 못하다고 생각하여 갈등과 분노가 끓어오르기 마련이다. 뒤늦게 재산분배가 잘못되어 바로잡으려 해도, 물질적인 재산뿐만 아니라 오래전 아버지와의 관계에서 쌓여왔던 서운함과 형제간의 질투로 야기된 가족관계의 소원함, 분배과정에서 행해진 불공정 등 감정적인 문제 때문에 잘못은 시정되기 어렵다.

사례3
가업승계 – 나의 생각 vs 자식들의 생각

현황과 고민

경남 진해에서 30여 년간 조선기자재회사를 영위한 박회장(현재 62세)은 슬하에 2남이 있으며, 이 중 장남(30세)은 의대를 졸업하여 병원에서 의사로 근무하고 있고, 차남은 IT관련 전공으로 대학 졸업 이후 게임개발회사에 취직하였다. 두 아이 모두 아버지 사업을 물려받기를 원하지 않는다. 아버지는 도저히 그 이유를 납득하기 어렵다. 아이들 중에 한 명이 가업을 이어갔으면 하고 바라지만, 그렇게 안 된다면 현재 임직원이나, 제3자에게 경영권을 넘겼으면 한다.

시사점과 Solution

1. 자식들의 생각

    A. 요즈음 소위, MZ세대는 남의 눈치를 덜 보고, 자신의 의견과 선호를 당당하게 말한다.

    B. 아이들은 어릴 때 아버지로부터 대기업의 갑질, 노동조합의 과도한 요구, 채무상환 압박 등 제조업을 하는 어려움들에 대해 익히 들어왔다. 아버지 덕분에 공부도 많이 하고, 물려받을 재산도 상당할 것으로 짐작되는데 워라밸(Work Life Balance)이 가능한 현재의 안정적 직장을 관둘 것인지 고민이다.

    C. 제조업을 물려받아 경영을 하면 기업이 성장할 수 있도록 아버지보다 잘해나갈 수 있을까 하는 의문이 있다. 또한, 아버지의 성정을 보면 은퇴 후에도 현장에 계속 출근하여 회사의 세세한 부분에 간섭할 것이 뻔한데 아버지와 대립하고 싶지 않다.

2. 나의 생각과 행동

    A. 사업을 물려받기를 주저하는 자녀가 많은데, 왜 그런지 충분히 이해하여야 한다. 비교적 풍족하게 자라왔고 공부도 많이 하여 자기가 하고 있는 현재 일이 즐겁고 보람도 있는데, 굳이 골치 아픈 제조업을 물려받고 싶지 않다는 게 자연스럽다.

    B. 대화와 소통-더 좋은 해답은 반드시 있다.
     a. 자녀들의 생각에 대해 관심을 가지고 이해하려는 노력이 필요함을 공감해서 두 아들의 관심사, 하고 싶은 일과 각자의 숨겨진 욕구에 대해 알아본다. 사업을 물려받지 않더라도 각자의 장점을 토대로 개인적 성장과 발전을 위해 내가 무엇을 해줄 수 있을지를 고민한다.
     b. 사업의 보람, 일의 즐거움에 대해 대화한다.
      사업이라는 것은 힘들기도 하지만, 오늘처럼 화목한 가족이 존재할 수 있는

밑거름이고 아버지의 삶, 자아를 지탱할 수 있는 힘일 뿐 아니라 나라와 사회에 이바지한다는 자긍심 등 기업을 경영하는 것에 대한 긍정적인 관점에 대해 이야기하기로 하였다.

C. 재산관리와 가족회의
  a. 사업을 이어갈 관심이 있는지 여부에 대해 시한(3-5년)을 정하고, 1년에 한 번 정도 사업과 재산의 승계를 어떻게 처리할지에 대한 아이들의 생각을 듣고 방향을 논의하고자 한다.
  b. 사업을 물려받지 않겠다면, 사업은 어떻게 처리하는 것이 좋을지, 재산은 어떻게 유지, 증식할 수 있을지에 대해 이야기한다.
  c. 만약, 최종적으로 사업을 이어받지 않겠다고 하면, 회사를 부동산과 사업법인으로 분할하여 사업은 현재의 경영진이 이어갈 수 있도록 하고, 부동산은 가족이 소유하게 하는 방안과 회사를 매각하는 방안을 검토하기로 하였다.

D. 후계자의 부재로 M&A 추진
회계법인과 기업 매각에 대한 M&A자문계약을 체결하여 M&A를 주관하도록 하고 기업을 영속시킬 수 있는 매수자를 찾아 계약을 체결하였다. 종업원의 동요를 막고 사업의 영속성을 위해 우리사주조합을 조직하여 주식의 10%를 저가에 양도하고 기업매각 후 3년간은 경영일선에 남기로 하였다.

사례4
사업의 구조개편과 분할/합병을 활용한 경우

현황

서울에서 80년대에 부동산 투자로 성공한 강회장(70세)은, 부동산 개발과 임대사업을 주업으로 하여 외식업과 화장품유통업 등 다양한 분야에서 성공하여, 연간 매출액이 1,000억 원에 달하고 있다. 강회장은 40년 가까이 혼자서 회사 전부를 관리해 왔지만, 갑작스러운 암진단으로 사업승계를 심각하게 고민하기 시작했다. 강회장은 늦게 슬하에 3남 1녀를 두고 있다. 회사에서 근무하고 있는 장남(38세)과 차남(35세)은 경영자로서는 일장일단이 있지만 강회장과 회사의 임직원으로부터 신뢰를 얻어내기에는 아직 어려운 상황이다. 또, 강회장 부부는 유학 중인 막내아들(28세)을 무척 사랑하여 후계자로 생각하고 있지만, 경영능력은 객관적으로 확인된 바가 없다. 장녀(32세)는 전업주부로 사업에는 관여하지 않고 있다. 절세만을 고려하여 증여와 형식적인 매매를 거듭한 결과 주식의 소유권과 부동산의 소유권이 복잡하게 얽혀 있어, 재산의 배분에 대해 자녀들 간에 분쟁이 발생할 위험을 가지고 있다.

CEO의 고민/문제점/고려사항

1. 후계자가 정해지지 않아, 갑작스럽게 최고경영자가 물러나게 되면, 회사 경영의 연속성이 심각하게 저해될 뿐 아니라 자식들 간에 재산분쟁이 발생할 가능성이 많다.

2. 사업분야가 다양하고 분야마다 수익성이 현저하게 다르다.

3. 부동산을 개인 소유로 보유하고 있고 이 중 대부분을 회사가 사용하고 있다. 특히, 부동산의 일부는 CEO 본인과 자녀들이 공동소유자로 되어 있다.

시사점과 Solution

1. 상속재산이 30억 원 이상인 경우 최고세율인 50%의 상속세를 부담하게 된다. 사

전에 철저한 계획을 수립하여 상속을 준비하지 않으면 평생에 걸쳐 축적한 자산의 50% 상당을 세금으로 납부하게 된다.

2. 회사 전체에 대한 경영진단을 실시한 후, 유사한 사업을 묶어 3개의 회사(A사: 부동산 개발과 임대, B사: 외식, C사: 화장품 유통)로 분할/합병하는 한편, 채산성이 낮은 사업분야는 정리하는 방안을 수립하였다.

3. 어느 재산을 누구 몫으로 할까?
개발 가능성이 높은 경기도 용인의 땅과 아버지 고향인 충북 진천에 있는 땅의 가치는 세법상 가치가 동일하다 하더라도, 물려받는 자식의 입장에서 그 가치는 현저하게 다르다. 장남과 차남의 성격과 능력을 고려하여 장남에게는 A사를, 차남에게는 B사의 경영을 승계하도록 하였다. C사에 대해서는 전문경영자를 영입하여 경영하게 하고, 삼남이 귀국하여 회사에 근무하며 본인 의사에 따라 경영권 승계여부를 결정할 수 있도록 하였다.

4. 상속재산을 공유하게 하려면 어떻게 하면 될까?
바로 상속재산을 양도하여 현금화한 후 재산을 분배하겠다는 방침이 아닌 경우에는 공동명의(공유)로 등기하지 않는 것이 좋다. 재산을 공유형태로 장기간 보유하면, 공유자 각각의 형편과 생각에 따라 재산의 가치에 대한 생각, 재산을 양도하여 현금화하려는 마음과 시기 등이 제각각 다르므로, 쉽게 합의하여 양도하기 어렵고, 그렇게 되면 상당한 분란의 소지가 있게 마련이다.

5. 가족회의를 개최하여 자식들에게 개략적인 재산의 명세, 배분원칙과 배분의 이유에 대하여 충분히 설명하였다. 재산의 소유권을 누구로 할지에 대해서는 유언서를 작성하였다. 공동명의 부동산에 대하여서는 신탁을 설정하여 본인 생전에는 본인을 수익자로 하고, 본인이 유명을 달리하면, 배우자 생존 시에는 배우자를 수익자로 하고, 배우자가 사망하면 네 자녀를 수익자로 하여 공평한 분배가 이루어지도록 하였다.

사례5
장남을 후계자로 정하여 경영하게 한다

현황
대구에서 전자 부품제조업을 30여 년간 영위한 신회장(현재 69세)에게는 2남 2녀가 있으며, 이 중 장남(35세)은 5년 전부터 아버지를 도와 회사의 중요한 직무를 수행하여 왔으며, 3년 전부터 부사장으로 재직 중이다. 차남은 대기업에 취직하였으나 적성에 맞지 않아 그만두었고 최근에는 이혼하는 등 아버지의 걱정이 많은 상태이며, 현재 회사의 서울 사무소에서 근무하고 있다.

CEO의 고민/문제점/고려사항
1. 재산의 대부분은 회사주식의 형태로 있는데, 중소기업을 자녀 4명이 공동으로 소유하는 것이 과연 가능할까 하는 의문이 있다.

2. 신회장은 70세가 되는 날 장남에게 경영권을 승계하고, 차남의 경제적 안정을 위하여 새로운 사업을 찾아주기를 원한다.

시사점과 Solution
1. 자산의 승계와 가업의 승계를 준비하기 위해, 가족회의를 개최하여, 가족의 기업에 대한 참여와 헌신이 필요함을 설명하고 가족재산과 기업경영에 대한 생각을 나누었다. 후계자 선정과 재산의 배분에 대해서는 자녀들의 의견을 수렴하는 등의 공정한 절차를 거침으로써 본인의 결정에 대해 가족의 지원을 받을 수 있도록 하였다.

2. 신회장의 70세 생일에, 본인은 대표이사에서 퇴임하고 장남을 대표이사로 선임한다는 사실을 대내외적으로 공표하기로 하였다. 본인은 회사에 1주에 한 번만 출근하되 차남이 추진할 신규사업에 대하여만 관여하기로 하였다.

3. 차남의 신규사업을 지원하기 위하여 5억 원을 창업자금으로 증여하고 세무상 창업자금 증여특례 신청을 하였다. 당장에 증여세는 한 푼도 내지 않고, 차남의 사업이 잘되어 재산이 증식되어도 재산 증가분에 대해서는 증여세가 발생하지 않는다.

4. 세법에서 정하는 가업상속 증여특례를 활용하여 발행주식의 35%는 장남에게, 차남과 두 딸에게는 각각 발행주식의 10%를 증여하였다. 본인이 사망할 경우 보유하고 있는 회사 발행주식의 35%는 회사를 경영하는 장남이 상속하고, 나머지 금융자산 등은 차남과 두 딸이 상속하기로 하는 내용을 담은 유언서를 작성하였다. 이렇게 되면 장남은 발행주식의 70%를 소유하는 대주주가 된다.

5. 이런 계획을 실행하면 중소기업인 회사를 공동으로 소유하게 되어 주주 간에 분쟁이 발생할 여지가 있다. 향후 발생할 수 있는 갈등을 예방하고 분쟁을 해결할 수 있는 조치가 필요함을 인식하고 가족들과의 대화를 통해 합의사항을 도출하였다. 주주의 자격, 주식이동을 원할 경우의 절차와 주식가치 평가방법 및 이익의 처분정책 (1/3 배당, 1/3 임직원 상여, 1/3 사내유보) 등의 내용을 담은 주주 간 협약서를 자세하게 작성하여 아버지를 포함한 자식 모두가 서명하였다. 본인 생전에는 이렇게 합의한 내용이 합의대로 이행될 수 있도록 감독하여, 주주 간 합의사항이 회사의 정책이 되도록 하였다.

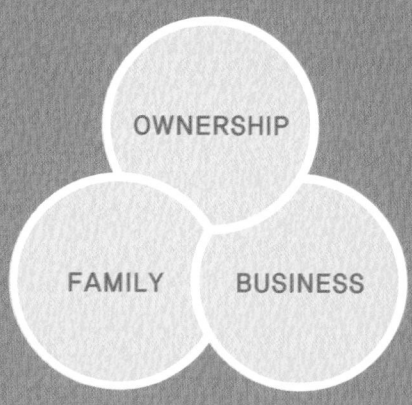

2장

목표의 설정

목표를 명확하게 설정할수록 원하는 결과를 달성할 가능성이 높아집니다. 부담하는 세금을 최소화하거나, 기업매각 시 최대의 가격을 받겠다는 목표가 있을 수 있는데, 이 경우 본인의 가치관 승계, 가족의 화합, 기업의 영속성 및 분쟁 없는 재산분배와 소유권구조 등에도 합당한 목표인지에 대한 의문이 있을 수 있습니다. 목표를 명확하게 설정하지 않고 자산승계를 진행하면, 시간과 비용이 많이 소요될 뿐 아니라, 때때로 가족 간의 갈등과 분쟁의 원인이 되어 관계가 소원해질 수도 있습니다.

이 장에서는 스스로 자산승계계획의 목표를 설정하고 기대하는 결과를 정리하도록 구성되어 있습니다. 제시하는 질문에 대하여 고민하신다면, 자산승계계획의 목표와 기대하는 결과를 명확하게 할 수 있을 것입니다.

원칙 1. 승계는 은퇴가 아니다

이 원칙은 본인뿐 아니라 승계과정을 함께 하는 사람(가족, 후계자, 임직원, 외부전문가) 모두가 인식해야 하는 것입니다. 증여와 승계는 미래를 향한 것이고, 미래를 만들어가는 과정입니다. 승계를 완료하면 과거가 사라지는 것이 아닙니다. 승계를 나이가 들어 물러나는 것, 포기, 더 이상 해야 할 일이 없어지는 것 등 부정적인 관점으로 생각하면, 재산의 증여와 가업승계는 시작도 하기 전에 방향을 잃게 됩니다. 승계는 현재의 내가 에너지가 있을 때 세대를 이은 재산축적이 가능하도록 가족과 기업의 성장, 새로운 기회를 발견하고 미래를 만들어가는 것이라는 긍정적인 관점을 유지할 수 있어야 합니다.

가업승계는 가족과 기업 모두에게 축복받은 성장의 기회입니다. 승계를 계획한다는 것은 본인의 삶이 성공적이었다는 증거이며, 본인이 지원하고 가르쳐 왔던 가족과 후계자가 재산뿐 아니라 자식같이 소중한 기업을 이어갈 수 있는 능력을 가졌다는 확신의 증거이기도 한 것입니다.

가업승계과정을 긍정적으로 인식하기 위한 생각과 행동은 아래와 같습니다.

- 가급적 일찍, 열린 마음으로 과거의 성공을 기초로 기업에 새로운 활력을 불어넣어 밝은 미래를 만들어간다는 긍정적 관점으로 승계이슈에 대해 이야기해야 합니다.
- 본인뿐 아니라 배우자 및 후계자 그룹도 승계과정에 참여하는 것이 좋습니다.
- 임직원들의 노력과 경험을 바탕으로 기업의 미래에 대한 비전을 만들어야 합니다.

원칙 2. 명확한 목표를 설정한다

재산의 증여와 가업승계계획을 수립하기에 앞서 목표를 명확히 설정하여야 합니다. 목표를 명확히 하고, 그 달성에 집중하면 바라는 결과를 얻기가 용이합니다. 자산승계계획은 다음과 같은 5가지 기본목표가 있는데, 이러한 기본목표와 부합되도록 가족기업 3차원 시스템의 가족, 기업, 재산과 소유권 관점에서 본인만의 목표를 설정하게 됩니다.*

- 재산의 축적-미래 성장과 개발의 기초가 될 수 있도록 재산을 축적한다.
- 세대를 이은-세대를 이어 재산이 보존, 증식될 수 있는 구조를 개발한다.
- 승계과정 참여와 원활한 승계에 기여-가족구성원을 승계과정에 참여하게 함으로써 원활한 승계에 기여했다는 자부심을 가지게 한다.
- 개인적 성장-가족구성원 개개인이 자신만의 강점을 살려 나아갈 수 있는 성장의 기회를 제공하여야 한다.

---

* SMART한 목표
  Specific 구체적이어야 한다.
  Measurable 측정가능해야 한다.
  Action Oriented 행동이 뒷받침될 수 있어야 한다.
  Reasonable 달성가능할 만큼 합리적이어야 한다.
  Timely 시기가 명확해야 한다.

- 가족의 단합-공정한 절차에 따라 가족 개개인의 사정을 고려하는 공평한 자산배분을 통해 가족의 화목과 단합이 가능하도록 한다.

재산증여와 사업승계를 계획하고, 진행할 때 이런 기본목표에 집중하지 못하면, 후대에 이르러 재산이 축적되지 못하고 줄어들 위험이 있습니다.

나만의 목표를 설정하기 위한 핵심질문

자산승계계획의 기본목표를 염두에 두고 귀하만의 자산승계목표를 설정하기 위해 아래의 질문에 답해보십시오.

1. 왜 재산의 증여와 가업의 승계를 계획하겠다고 생각하십니까? 분명히 합당한 이유가 있을 것입니다. 그 이유가 중요합니다. 재산의 증여와 가업승계계획을 세워야 하는 이유를 아신다면, 이 과정을 통해 달성하고자 하는 목표를 수립할 수 있을 것입니다.

- 자녀들의 자립에 보탬이 되기 위해 얼마간의 자금을 증여하고 싶다.
- 자식들에게 재산을 단순히 나누어 주는 것뿐 아니라 나의 가치관, 재산과 가업이 주는 의미에 대해 알게 해주고 싶다.
- 치열한 경영환경에서 사업을 이어가려면 새로운 인재와 아이디어가 필요하다.
- 갈등을 예방하고, 분쟁이 발생하지 않도록 재산을 물려주고 싶다.
- 회사를 매각하여 현금화하고 싶다.
- 사업에 매달려온 일에서 벗어나 내가 원하고 좋아하는 일(문화예술 관련 일, 손자들과 시간을 보내는 것, 해외여행 등)을 하고 싶다.
- 개인적인 이유(건강이 좋지 않다, 배우자가 은퇴하라고 한다)

자산승계를 계획하는 주된 이유가 무엇이든지 간에 그 이유를 인식하고, 적어보면 계획에 집중할 수 있습니다. 왜 재산의 증여와 가업의 승계를 계획해야 하겠다고 생각하십니까? 귀하의 대답을 기재해보십시오.

....
....
....
....
....
....
....
....
....
....
....

2. 재산의 증여와 가업승계 과정을 통해 기대하는 결과는 무엇입니까? 경험상 일반적으로 다음과 같은 결과를 기대하고 있습니다.

- 세금을 최소화하여 재산을 증여하고 싶다.
- 내가 가지고 있는 재산을 가족들에게 공평하게 배분하고자 한다.
- 다음 세대에도 재산이 보존, 증식될 수 있기를 바란다.
- 기업가치를 극대화하는 동시에 나의 재산도 축적될 수 있기를 원한다.
- 내가 기업에 기여할 수 있다고 판단하고 원하는 한 사업에 적극적으로 관여하고 싶다.

- 기업을 경영할 최적의 경영자를 선임하고자 한다.
- 내 자녀를 후계자로 하여 사업을 영속할 수 있도록 수익성을 개선하고 기업가치를 높여 가업을 계속 이어가길 원한다.
- 장기 근속한 임직원들에게 회사의 주식을 배분하고 싶다.
- 필요하면 높은 가격으로 적절한 인수자에게 회사를 매각하고, 자식 같은 기업이 영속되기를 원한다.
- 분쟁이 발생하지 않도록 재산의 소유권에 대한 지배구조를 튼튼히 하고 싶다.

재산의 증여와 가업승계과정을 통해 기대하는 결과는 무엇입니까? 귀하의 대답을 기재해보십시오.

....
....
....
....
....
....
....
....
....
....

3. 향후 5-10년 후에 귀하는 어떤 상태가 되었으면 하는 목표가 있습니까? 재산의 증여와 가업승계 과정이 완료된 이후에 미래에 되고 싶은 목표에 대해 생각해보십시오. 지금 당장 재산의 증여와 가업승계를 계획한다 하더라도, 일상적인 일과 기업의 대주주에서 벗어나려면 상당한 시간이 소요됩니다.

- _____년 후에 은퇴하고, 은퇴할 때 현금보유액은 _____억 원 정도 되었으면 한다.
- 은퇴 후 매년 소득은 _____백만 원 정도 되었으면 한다.
- 사업의 일상적인 문제에는 간여하지 않겠다.
- 내 자식들이 기업을 소유하고 경영하였으면 한다.
- 아내와 여행도 하고, 손자의 재롱을 보며 가족과 함께 시간을 보내고자 한다.
- 고향 집에서 텃밭도 가꾸고 평상시 하고 싶어 한 그림도 그리는 등 좋아하는 일을 하고 싶다.

향후 5-10년 후에 귀하는 어떤 상태가 되었으면 하는 목표는 있습니까? 귀하의 대답을 기재해보십시오.

....
....
....
....
....
....
....
....

4. 귀하는 미래에 무엇을 남기고 싶습니까?

- 내 자손들의 미래를 충분히 지원할 수 있는 성공적인 사업의 토대를 마련하고 싶다.
- 선행을 쌓은 집안은 반드시 자손에게 조상의 은덕이 미친다(적선지가 필유여경: 積善之家 必有餘慶)는 《명심보감》의 글귀처럼 나의 선행이 가족과 기업, 나아가 사회에 선한 영향력을 끼칠 수 있다는 믿음으로 행동하기 원한다.
- 재산을 출연하여 평상시 내가 하고 싶은 비영리 활동을 지원하기를 원한다.

4-1. 귀하는 어떤 사람으로 기억되기를 원합니까? 귀하의 생각을 적어보십시오.

- 가족들로부터

....
....
....

- 기업의 구성원으로부터

....
....
....

4-2. 성공한 사람으로서 시간과 자원을 투자하여 미래에 선한 영향력을 끼치고 싶은 것은 무엇입니까? 귀하의 생각을 적어보십시오.

....
....
....

무엇이 성공인가?

세상을 조금이라도 살기 좋은
곳으로 만들어놓고 떠나는 것,
자신이 한때 이곳에서 살았음으로 해서
단 한 사람의 인생이라도 행복해지는 것,
이것이 진정한 성공이다.

에머슨(미국 시인)

나의 자산승계계획 목표

올바른 방향으로 달리기 위해서는 앞만 보고 무조건 달리기보다는 목표를 정하고, 그 목표를 향해서 달려가야 합니다.* 올바른 목표가 설정되어야 의도적으로 원하는 결과를 이룰 수 있는 힘이 생깁니다. 원하는 결과를 달성하기 위해서는 간절한 이유가 필요합니다. 목표와 그것을 달성하여야 하는 절대적이고도 간절한 이유가 없다면 피하기 어려운 장애물이 생기거나, 정신을 산만하게 하는 사건들이 발생할 경우 이런 장애를 극복할 에너지와 열정을 잃게 되어 목표를 달성하기 어렵습니다. 간절한 이유가 있습니까?

자산승계의 과정에 여러 가지 힘난한 장애물은 필연적이며, 가족구성원들에게 묻기 어려운 질문, 마음이 아픈 결정을 해야 할 경우도 많이 발생합니다. 스스로 질문해보십시오. 진정으로 내가 원하는 것은 무엇이고, 자산승계 계획을 통하여 달성하고자 하는 목표는 무엇입니까?

시간을 두고 귀하가 기록한 것을 곰곰이 생각해보신 후에 귀하의 재산증여 및 가업승계에 대한 목표, 간절한 이유, 그리고 기대하는 결과를 기재하여보십시오.

---

* 미래에 원하는 목표를 달성하기 위해서는 간절히 원하는 것이 무엇인지 알아야, 원하는 것을 이루기 위해 무엇을 어떻게 실행해야 하는지에 대한 방법을 구체적으로 찾게 되고, 이를 실행해야 그 목표가 이루어지게 됩니다.

시작하기 전에 다음의 예시를 살펴보십시오.

[표-2] 재산증여 및 가업승계에 대한 목표와 이유, 결과 예시

목표	간절한 이유	기대하는 결과
자녀를 후계자로 정하여 대표이사로 선임	치열한 경영환경에서 기업이 경쟁력을 유지하기 위해서는 내가 계속 경영하는 것보다는 새로운 아이디어와 에너지를 가진 사람이 필요하다.	사업이 나아갈 수 있도록 경험과 자질이 있는 새로운 CEO를 1년 이내에 선임한다.
가치관의 공유와 승계	가족구성원 개개인의 성장, 재산의 축적과 증식을 위해 나의 좋은 DNA가 세대를 이어나가길 바란다.	가훈과 가족헌장의 작성.
효과적인 의사소통	대화와 소통 없이는 내가 원하는 것을 달성할 수 없다.	자녀들의 생각을 경청할 수 있도록 내가 변화해야 한다. 대화와 소통을 통해 승계과정에 가족이 참여할 수 있도록 장려한다.
기업의 사업부문 매각	기업의 부채를 줄여서 재무구조를 개선하고, 재투자를 위한 자금 확보가 필요하다.	5년 이내에 부채비율을 200% 이하로 만들고 개인의 담보와 보증한도를 줄인다.
기업의 수익성과 현금흐름의 개선	현재뿐 아니라 미래에도 이익이 지속적으로 창출될 수 있도록 한다.	기업의 가치증대를 위한 핵심요인의 파악과 개발, 투자에 집중하고 그 결과 영속가능한 사업을 만든다.
기업의 가치관 경영체계와 전략경영계획 수립과 이행	후계자 중심의 조직구조를 설계하여 순조로운 경영권 이양과 기업가치 증대를 할 수 있도록 사업을 영속할 수 있는 계획을 수립한다.	사업의 도전과제에 대해 임직원의 생각을 일깨우고 확장하여 새로운 기회를 포착한다. 산업, 고객 및 경쟁시장에 대한 이해와 통찰력으로 성과를 높이고 기업가치 증가에 기여한다. 원하는 변화에 대한 확신을 바탕으로 이행방안을 수립한다.

목표	간절한 이유	기대하는 결과
공식적인 기업이사회 운영	자녀들이 사업의 전반적인 모습을 볼 수 있도록 이사회의 역할을 배울 기회를 제공하고 자녀들 편에서 일할 자문그룹을 만들어줄 필요가 있다.	공식적인 기업의 이사회 또는 경영위원회를 1년 이내에 운영하되, 내가 이사회 회장으로 기업경영이 후계자가 주도하여 정상적으로 작동될 수 있도록 지원한다.
우발적 상황이 발생할 경우를 대비한 비상경영계획의 수립	갑작스러운 승계에 대비하기 위해, 상속이 개시되자마자 신속하게 대처해야 할 일과 의사결정자를 지정하여야 기업운영이 가능하다.	비상경영계획(안).
빠른 증여시기의 선택	승계로 인한 납부 세금을 최소화하고 싶다.	승계과정에 필요한 자금출처의 확보.
후계자에게 주식 이동	조세 부담의 최소화. 기업지배권 확보. 후계자 이외의 다른 주주가 있을 경우 갈등과 분쟁을 예방할 수 있어야 한다.	세법상 주식평가와 세법상 가치 인하를 위한 방안 수립. 상속, 증여, 양도 등 주식이동의 방식 결정. 회사 주주 간의 관계정립, 소유권에 관한 갈등과 분쟁의 해결구조, 유동성 확보방안 수립을 포함한 '주주 간 합의서' 작성.
재산배분의 원칙 수립과 재산의 공평한 배분	가족구성원의 갈등과 분쟁을 예방하여야 한다.	보유재산의 개략적인 배부. 재산배분에 있어 절차의 공정성 확보를 위한 가족회의. 분쟁예방을 위한 신탁설계 등 법적 조치.
은퇴 이후 매년 1억 5천만 원의 현금 수령	나는 자녀들에게 경제적인 도움을 받고 싶지 않다.	보유 주식을 외상으로 양도하고, 양도한 대금을 매년 지급받거나 배당금 또는 자문료 형태로 수취한다. 3년 내에 보유 부동산에 대해 신탁계약을 설정하여 본인을 수익자로 지정하여 임대료를 받는다.
문화재단 설립	내가 하고 싶었으나 하지 못했던 예술활동을 지원하고 싶다.	문화재단을 설립하여 젊은이들의 문화창작 활동을 제안받아 선별 지원함으로써 지역사회의 문화 발전에 기여한다.

귀하의 차례입니다. 아래 표를 완성해보십시오.

목표	
설명	
간절한 이유	
기대하는 결과	

목표	
설명	
간절한 이유	
기대하는 결과	

목표	
설명	
간절한 이유	
기대하는 결과	

목표	
설명	
간절한 이유	
기대하는 결과	

목표	
설명	
간절한 이유	
기대하는 결과	

다음 장으로 넘어가기 전에…
귀하가 기재한 목표를 가족구성원과 기업의 경영진들에게 설명하고 논의하십시오.
이제 귀하의 목표에 대해 명확히 알게 되므로 원하는 결과를 도출하기 위한 계획을 수립하고 승계과정을 진행하게 될 것입니다.

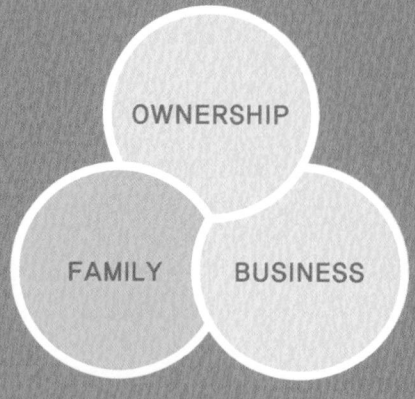

3장

가족

자산승계를 계획함에 있어 가족관점은 가장 어렵고 시간이 많이 소요되는 분야입니다. 세대를 이은 재산축적을 위해서는 승계과정에 가족구성원들을 적극적으로 참여시켜야 하는데, 투명하고 명확하게 승계에 관한 합의를 도출하기 위해서는 효과적인 의사소통이 필수적입니다.

이 장에서는 가족과 가치관을 공유하고, 이렇게 공유된 가치관을 후계자에게 승계함으로써, 건강한 가족관계를 정립하고 나아가 가족의 단합을 도모하는 방안에 대해 생각해볼 것입니다.

워런 버핏의 위대한 유산

'보통사람'의 진정한 가치를 가르쳐라
어떤 것도 당연한 것은 없다는 생각을 심어주어라
세상은 공평하지 않다는 진실을 깨닫게 하라
자신의 선택에 자부심을 갖도록 격려하라
소명의 수수께끼를 풀게 하라
꿈을 위해 투자하는 법을 알게 하라
실천의 중요성을 일깨워라
실수에서 배울 수 있도록 북돋워라
진정 원하는 것을 찾는 길을 안내하라
스스로 성공을 정의할 수 있게 하라
풍요 뒤에 숨겨진 위험을 경고하라
나누고 베푸는 삶의 본보기가 되게 하라

원칙 3. 가족의 공유된 가치관을 승계하라

많은 재산을 그냥 물려주는 것이 정답인가? 그렇지는 않습니다. 재산만큼 중요한 것이 재산을 보는 가치관을 물려주는 것입니다. 재산을 어떻게 모았고, 어떻게 쓰는 것이 좋을지, 이렇게 모은 재산을 자녀들이 어떻게 보존, 관리, 증식하고, 손자녀에게 어떻게 물려주라는 메시지를 주어야 세대를 이은 재산의 축적이 가능해집니다.

일방적으로 나의 가치관을 강요할 것이 아니라, 가족 개개인이 중요하다고 생각하는 가치를 파악하고 나의 가치관을 반영하여 가족 전체가 신뢰하고 지킬 수 있는 핵심적인 원칙과 믿음을 찾아 정리하는 것이 먼저 필요합니다. 이렇게 발견된 가족의 가치를 공유하고 후손들에게 물려주어야 세대를 이어 자산을 축적해나갈 수 있습니다.

나의 가치관

사람의 본질은 그가 가진 생각, 즉 '가치관'에 있습니다. 사람은 가치관에 따라 움직이는 존재입니다. 성공한 사람들의 가장 큰 특징은 인생관이 확고하고 자신의 생각, 즉 가치관에 따라 움직인다는 것입니다. 그들이 성공할 수 있었던 이유는 아래 3가지 질문에 대한 답이 삶의 의미와 꿈을 알게 해주었기 때문입니다. 그들은 삶의 의

미와 꿈이 무엇인지 알기에 방황하거나 갈등을 겪지 않고 잡념 없이 일에 매진할 수 있으며, 그 결과 다른 이들보다 더 많은 것을 이룰 수 있었던 겁니다.

아래 3가지 질문에 대한 답을 보면, 그 사람이 가지고 있는 대부분의 가치관을 파악할 수 있습니다. 한번 적어보십시오.

1. 나는 왜 사는가? (내가 존재하는 이유는 무엇인가?)

....
....
....
....

2. 나의 꿈은 무엇인가? (궁극적으로 어떤 모습이 되고 싶은가?)

....
....
....
....

3. 나는 어떻게 살 것인가? (내 삶에서 무엇이 중요한가?)

....
....
....
....

우리 집의 가훈

이렇게 형성된 가치관을 바탕으로 일반적인 가정에서는 가장이 제일 중요하게 생각하는 것을 '가훈'으로 정하여 가족들의 생각과 행동의 규범으로 삼고 있습니다.
가훈이 있거나 가장으로서 평상시에 가족구성원들이 중요하게 여기고 행동했으면 하는 가치에 대하여 생각해봅시다.

사랑, 성실, 신뢰, 열정, 집중, 화합, 겸손, 배려, 책임감, 나눔, 존중, 절제, 단결, 사회적 책임, 근검절약, 정확한 판단력, 준법정신, 명예, 행복, 존경, 윤리, 준비성, 예의, 신뢰, 교육, 혁신, 창조, 차별화, 질서, 도전, 희망, 신중함, 대담함, 독창성, 노력, 통합, 용기, 정직, 공정, 경쟁력, 검소함, 헌신, 끈기, 합리성, 자긍심, 화목, 번영, 자율, 봉사, 근면성실, 관대, 이해심, 호기심, 대처능력, 팀워크, 열린 사고, 소명의식, 기업가정신, 사회에의 기여, 자선, 효도

우리 집의 가훈이나, 가장으로서 평상시에 가족구성원들이 중요하게 생각하고 행동하였으면 하는 가치에 대하여 한번 적어보십시오.

가족의 가치관 정립

오늘날 내가 이룬 재산이나 기업은 나 혼자만의 것이 아닙니다. 일정 부분 가족의 희생과 열정 그리고 헌신의 결과이기도 합니다. 성공적인 승계를 위해서는 재산뿐 아니라 나의 정신을 함께 물려주어야 하는데, 나의 가치관을 가족들에게 강요하기보다는 집안 자산을 일으킨 나의 가치관을 제시하고 가족구성원들이 그에 대해 충분히 이해하고 동의하는 방식이 이상적입니다. 또한, 치열한 토론을 거쳐 재산과 기업을 이어갈 가족구성원들이 중요하다고 생각하는 것을 찾아낸 후 가족의 다양한 가치를 선택적으로 수렴한 가족 공동의 가치관을 정립하는 것이 필요합니다. 가치관은 사람을 '물질' 중심에서 '가치' 중심으로 바꿉니다. 가치관이 제대로 정립된 가족은 가족이 일치단결하여 목표에 매진할 수 있으며, 이렇게 형성되고 공유된 가치관은 가장이 없더라도 가족구성원들을 이끄는 북극성 같은 역할을 하게 됩니다.

가족선언문

'나는 고유하고 특별하다'는 인간의 자아에 대한 인식은 그 사람의 개체성과 독립성을 결정하는 핵심 요소입니다. 건강한 자아는 자신만의 주체적인 삶을 살아가는 데 필수불가결한 기본 조건이므로 가족이 건강하고 행복해지려면 가족 개개인의 가치와 고유성을 서로 일깨워주고 무엇보다도 긍정적인 상호작용이 중요합니다. 하지만, 살다

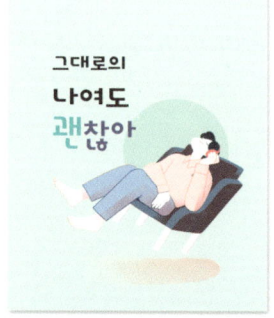

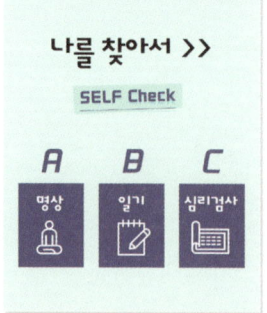

보면 그러지 못할 경우도 있는데 가족이 대화와 소통을 통해 가족이 지켜야 할 길을 이따금 서로 일깨워준다면 큰 도움이 될 것입니다.

가족 개개인의 건강한 자아의식을 위해 가족의 목적과 존재 이유, 지향점 등에 대한 생각을 정리한 가족선언문을 함께 작성해보는 것이 도움이 될 수 있습니다. 가족선언문은 개인을 넘어 한 가족의 유대감을 더욱 강하게 만들어주는데, 이러한 가족선언문을 함께 작성하고, 가족구성원에게 자주 읽게 함으로써 상대방에 대한 존중을 잃지 않게 할 뿐만 아니라 본질적인 문제를 늘 인식하도록 하는 데 도움이 됩니다.

다음에 제시해놓은 가족선언문은 가족으로서 본인과 가족구성원이 지켜야 할 가치를 잘 나타내고 있습니다.

- 하늘이 주신 재능에 감사하자.
- 삶에 최선을 다하자.
- 열린 마음을 갖자.
- 관용의 마음을 갖자.
- 베풀고 봉사하자.
- 우리는 서로 상대방의 고유성을 존중하고 아껴주고 사랑하고 축복한다. 우리 개개인의 고유성은 엄청난 기쁨이며, 그것을 끊임없이 긍정해주는 일은 우리 가족에게 주어진 최우선 임무이다.
- 우리 마음의 능력은 무한하다. 우리는 각자 자신만의 고유한 방식으로 능력을 드러낼 수 있도록 서로 격려한다. 어느 누구라도 자신에 대한 고유한 인식을 속박하고 가로막으려 한다면 단호히 거부한다.
- 우리는 자신의 고유한 몸을 있는 그대로 인정한다. 자기 몸을 소중히 돌보고 키우고 운동으로 단련하고 휴식을 취해, 어떠한 측면도 소홀히 하지 않고 우리 몸을 온전히 보존한다. 또한 우리 몸을 다른 사람과 비교하지 않으며, 우리 몸이 다른 사람과 닮기를 원하지 않는다.

- 우리는 배우는 것이야말로 우리를 더 나은 사람으로 만들 수 있다고 믿는다.
- 실수와 실패는 새로운 것을 배울 수 있는 기회다. 어떠한 경우에도 상대방을 비난하거나 조롱하고 꾸짖고 공격하고 무시하는 말이나 행동은 절대 용납하지 않는다.
- 우리는 누구나 도전하고 성취하는 일을 즐긴다. 하지만 그러한 행동이나 그 결과로 우리 가치를 평가하지 않는다. 우리 존재는 행동과 상관없이 언제나 가치있고 존귀하다.
- 우리는 사람과 행동을 엄밀히 구분한다. 어떠한 방어행동도 사소한 잘못일 뿐이다. 가족관계를 깰 만큼 중요한 것은 없다.
- 우리는 언제나 조건 없이 사랑한다.
- 우리는 자신에게 주어진 책임을 다한다. 우리는 서로 사랑하기 때문에 상대방이 책임으로부터 빠져나가려는 행동을 용납하지 않는다. 어느 누구도 상대방의 가치, 존귀함, 고유성을 훼손하는 행동을 해서는 안 된다.
- 자신의 말, 행동, 생각, 이미지, 꿈은 언제나 자기 것이며 그것을 인정하고 스스로 책임진다. 긍정적인 내용이든 부정적인 내용이든, 자신에 대한 것이든 관계에 대한 것이든 그러한 사실을 명심한다.
- 우리가 한 일이나 하게 될 일이 후회했거나 후회하게 될지도 모르지만, 그런 경험을 통해 우리는 반드시 배워야 한다. 더 큰 나로 성장하고 자기 자신을 더 사랑하게 되고 서로 더 깊이 사랑하는 법을 배워야 한다.
- 상대방의 잘못된 행동에 대해 솔직히 터놓고 직접적이면서도 서로 상처를 주지 않는 태도로 이야기하고 격려한다. 무시당하거나 상처받았다고 느끼는 사람이 있다면, 그것은 가족 모두의 책임이다. 스스로 책임지고 치유할 수 있도록 도와야 한다.
- 어떤 일이 생겨도 우리는 서로 배려하는 생각과 행동을 멈추지 않는다.
- 우리는 누구나 성장하고 발전할 수 있는 무한한 능력이 있다. 우리는 누구나 주체적인 존재다. 자신의 두 발로 서서 자기 삶의 길을 스스로 결정하고 걸을 준비가 되면, 가족을 떠나 자기 삶의 목표를 향해 나아간다.

가족 개개인의 건강한 자아의식을 위해 가족공동체의 목적과 존재 이유, 지향점 등에 대한 생각 그리고 본인과 가족구성원이 지켜야 할 가치를 가족선언문 형태로 정리해보십시오.

재산에 대한 가치관

승계를 계획하고 있는 분들은 궁극적으로 상속재산이 자녀들과 손자 손녀의 삶에 미치는 영향과 행복, 그리고 그들이 살고 있는 주변사회에 어떤 영향을 줄 것인가에 대해 관심을 가지게 됩니다. 재산축적을 가능하게 한 가족의 가치에 대한 자긍심을 유지하고, 가족에게 일체감을 주며, 재산과 함께 다음 세대에 전달될 수 있는 가치와 행동모델을 제시하는 것이 필요합니다.

재산사명 선언문이란 가족재산 전체의 존재 이유, 즉 사명(Mission)을 글로 표현한 것입니다. 가족재산의 사명(Mission)이란 가족의 핵심가치*를 위하여 가족재산을 어떻게 축적하고(How to accumulate), 어떻게 유지 및 사용하며(How to maintain and use), 어떤 방식으로 물려줄지(How to leave)에 대한 규정이며, 향후 후손들이 가족재산을 이어나가는 기본 틀을 제공하게 합니다.

다음 세대가 부모의 가치관에 따라서 상속에 관한 결정을 내리는 가장 유용한 메커니즘은 가족 전체가 참여하여 가족 내에서의 '공통적인 행동'에 대한 합의를 얻는 것입니다. 공통의 행동은 가족재산에 대한 사명으로 가족을 단합시키고, 가족의 단결을 계속 강화하며, 분리된 행동이나 행동에 동참하지 않음으로 인한 논쟁이나 시간과 에너지, 돈 낭비를 피하게 해줍니다.

재산에 대한 가치관을 정리하기 위해 아래 질문에 스스로 답해보십시오.

- 재산을 왜 모으려고 하는가? (가족의 안위와 행복을 위해, 사회에 기여하고 봉사할 목적 등)

---

* 핵심가치: 가족구성원이 반드시 지켜야 할 가치로서 수많은 의사결정과 판단의 기준이 된다. 재산의 소유와 운영 및 가족기업을 경영하면서 만나게 될 험난한 항로를 헤쳐 나가는 나침반 역할을 한다.

- 재산에 관한 사항과 자산관리에 대해 가족과 의논하는가? (어떤 자산에 얼마나 투자하고, 어느 정도의 위험을 감수할 준비가 되어 있는가? 자산관리의 목표수익률은 얼마나 되는가?)
- 재산을 어떻게 쓰는 게 좋을까? (어떻게 하면 재산의 지배를 받지 않고 재산의 주인이 될 수 있는가?)
- 특정한 세계관을 가지고 있으며, 이런 세계관을 전하기 위해 재산이 사용되기를 원하는가? (어떤 특정한 종교나 정치사상을 가지고 그것을 후손이나 다른 사람들에게 전하기를 원하는가? 또는 특정한 가치, 도덕성을 강조하고 책임성 있는 인간이 되기를 원하는가?)
- 현재 소유한 자산을 당대에 다 써버리기 원하는지, 세대를 이은 자산의 축적을 통해 집안의 전통을 만들기 원하는가?
- 재산관리에서 발생하는 여러 가지 세금문제에 대해서는 어떤 태도로 임할 것인가?
- 귀하가 다음 세대를 위해 노력하는 것만큼 다음 세대도 그다음 세대를 위해 노력해주기를 원하는가?

가족이 생각하는 핵심가치를 위해 가족재산을 어떻게 축적하고(How to accumulate), 어떻게 유지 및 사용하며(How to maintain and use), 어떤 방식으로 물려줄지(How to leave)에 대해 가족의 생각을 적어보십시오.

....
....
....
....
....
....
....

가족의 기업에 대한 가치관

가족기업을 함께하는 가족의 경우에 '가족'과 '기업' 중 어느 것을 우선적으로 생각하느냐 하는 철학은 가족의 핵심가치와 관련이 있는데, 이것이 애매한 경우에는 시간이 지나감에 따라 가족관계와 기업경영 전반에 상당한 영향을 미치거나 심각한 문제를 야기할 수도 있습니다. 가족기업의 경우 가족의 관심과 기업의 관심이 확연히 다르므로 '가족'이 먼저냐 '기업'이 먼저냐 하는 가족기업의 철학에 대해 논의를 시작하는 것이 바람직합니다.

[표-3] 가족과 기업의 관심사

가족이 기업을 함께 영위할 때 이로운 점은 다양합니다. 공통의 관심사와 목표를 위해 같이 출근하여 함께 일하고 그 대가로 경제적인 보상을 받아 재산을 축적할 수 있는 기회이기도 하며, 어떤 가족에게는 경력개발의 기초가 되고, 가족이 쌓은 명성으로 인한 자부심을 제공하기도 합니다. 그렇지만 가족들이 기업을 함께 오랫동안 영위한다는 것은 갈등과 긴장 관계가 지속되는 원인으로 발전되기도 합니다.

가업승계를 준비하는 가족은, 가족들이 받게 될 경제적 사회적 보상을 고려할 때 가족구성원들이 가족기업의 소유권을 유지하고자 하는지, 가족구성원들이 가족기업 주주로서의 책임과 의무를 기꺼이 부담하려 하는지, 가족들이 기업을 소유하면서 지속적으로 함께 일하여야 하는지 등에 대한 근원적인 질문을 해야 할 필요가 있습니다. 대부분의 가족구성원들은 이러한 물음에 대하여 심각하게 고민한 적이 없고, 사업에 관한 충분한 정보가 없으며, 솔직하게 말할 수 있을 정도의 상호 신뢰가 없기 때문에 대답하기가 쉽지 않습니다.

그러므로 가족 개개인이 지니고 있는 가치를 서로 이해하고, 공동체인 가족의 가치가 무엇인지에 대한 진지한 논의가 필요한데, 가족관계는 상호 의존적이므로 각자의 생각과 믿음은 다른 가족구성원의 그것에도 영향을 미치기 때문에 가족의 핵심가치를 이해하는 것은 가족의 기업에 대한 참여와 투자 그리고 헌신의 정도를 결정하는 중요한 초석이 됩니다.

공유된 가치관의 발견과 이의 승계
-기업을 하는 가족의 '가훈'과 '가족헌장'

세계적인 명문가(名門家)의 탄생에는 대를 이어 덕목을 쌓는 '품격의 축적'이 필요합니다. 미국의 명문가인 록펠러, 케네디 루즈벨트 등의 집안에서 공통적으로 강조한 덕목은 개인의 책임과 독립, 타인에 대한 배려, 경청과 신뢰 등이었습니다. 일상적인 밥상머리 교육을 통해 필요한 게 있어도 먼저 주지 않고 스스로 구하는 자립정신을 기르게 하고 국가와 공익에 헌신하는 것을 가장 중요한 가치로 삼아 국가에 대한 책무와 높은 수준의 도덕적 의무를 다하는 노블레스 오블리주를 실천해야 한다고 가르치고 있습니다.

가족구성원들이 기업경영에 참여하고 소유권을 가진다는 것에는 상당한 책임과 해결해야 할 과제가 따릅니다. 가족이 함께 일할 수 있는 제도를 만들고, 기업의 성과를 관리하며, 발생할 수 있는 갈등을 발전적으로 헤쳐 나갈 수 있어야 합니다. 가족기업을 영속적으로 유지 발전하기 위해서는 가족 개개인의 건강한 자아의식을 배양하고, 재산에 대한 가치관과 가족기업에 대한 철학, 그리고 가족의 핵심가치에 대해 논의하는 것이 필요합니다. 이런 논의 과정을 거치게 되면, 가족들이 공유하는 가치관을 발견하게 됩니다. 기업이 점점 성장하여 가족이 아닌 사람이 경영진으로 참여하거나, 자식들이 결혼하여 아이를 갖게 되어 가족의 규모가 확대되면, 이렇게 공유된 가족의 가치관을 명문화한 '가훈'이나 '가족헌장'을 문서화하여 이런 정신이 세대를 이어갈 수 있도록 하는 것이 바람직합니다.

'가훈'이나 '가족헌장'을 만들어가는 과정에서 정보를 교환하고 자신들의 생각을 공유하며 대화하고 협의하게 되는데, 이 과정에서 부모세대와 자녀세대는 가족과 기업의 이슈에 대해 속 깊은 대화를 나누게 되며 결속력을 강화하는 계기가 됩니다.

가족이 공유하는 가치관을 '가훈'이나 '가족헌장' 등의 형태로 만들기 위해서는 다음의 사항들을 고려하여야 합니다.

- 창업자의 가치관과 경영이념
- 가족사명서(왜 가족이 기업에 참여하는지, 가치관)
- 가족 개개인의 개발, 가족 간의 분쟁 예방과 갈등해결방법, 가족의 단합을 도모할 수 있는 방안
- 가족구성원들이 지켜야 할 약속과 원칙, 목표 및 행동지침
- '가족'이 먼저인지 '기업'이 먼저인지에 대한 철학
- 원하는 기업의 업적(혁신, 성장 등)
- 가족의 기업에 대한 책임과 기여(투자, 경영참여, 지분구도와 지배구조 등)
- 가족이 기업으로부터 받는 Benefit(재산, 가문의 구성원이라는 자부심, 의미

있는 경력과 보상)
- 이해관계자에 대한 책임과 의무(임직원, 고객, 협력업체, 지역사회, 사회공헌활동)

그 결과 작성되는 '가훈'이나 '가족헌장'은 가족구성원 사이에 공유된 가족의 가치관으로서 모두가 이를 지키겠다는 선언의 의미가 있어 가족 간의 유대를 강화하고 미래의 가족들까지 가족으로서의 동질성을 이어갈 수 있는 가장 효과적인 방법입니다. 이렇게 공유된 가족의 가치관은 세대를 이어 재산을 축적하는 기초가 되는 것으로 가장 가치 있는 전통을 물려주는 것입니다(예시: 172쪽 '부록 가족헌장 작성사례').

스웨덴 발렌베리가

1. 해군 장교로 복무하여 강인한 정신력을 기르도록 한다.
2. 명문대와 세계적인 기업에서 넓은 안목을 기른다.
3. 국제적인 인맥 네트워크를 만든다.
4. 대대로 내려오는 원칙을 공유하고 중시한다.
5. 돈은 번 만큼 사회에 돌려주는 것이 당연하다.
6. 일요일 아침마다 자녀들과 산책을 하며 함께 시간을 보낸다.
7. 형제간 옷을 대물림하며 검소한 생활을 몸에 익힌다.
8. 결코 튀지 않게 행동한다.
9. 할아버지가 손자의 스승이 되어 지혜를 전한다(격대 교육).
10. 후계자가 되려면 먼저 애국심을 갖춰야 한다.

경주 최부잣집 300년의 비밀

가훈(家訓): 가문의 부를 지키기 위한 행동지표
1. 과거를 보되, 진사 이상은 하지 마라.
2. 재산은 만 석 이상 지니지 마라.
3. 과객을 후하게 대접하라.
4. 흉년에는 땅을 사지 마라.
5. 며느리들은 시집온 후 3년 동안 무명옷을 입어라.
6. 사방 백 리 안에 굶어 죽는 사람이 없게 하라.

육연(六然): 참 부자를 위한 6가지 행동지침
1. 자처초연(自處超然): 혼자 있을 때는 정도를 걸어라.
2. 대인애연(對人靄然): 다른 이를 대할 때는 따뜻한 마음을 가져라.
3. 무사징연(無事澄然): 일이 없을 때는 맑게 처신하라.
4. 유사감연(有事敢然): 일이 있을 때는 과단성 있게 하라.
5. 득의담연(得意淡然): 뜻을 이루었다고 자만하지 마라.
6. 실의태연(失意泰然): 실패했어도 낙담하지 말고 당당하게 처신하라.

가거십훈(家居十訓): 가정에서 지켜야 하는 부자의 도리
1. 오륜은 인륜의 근본이니 이를 마음속에 새겨라(오륜: 부자유친, 군신유의, 부부유별, 장유유서, 붕우유신).
2. 어버이를 섬김에 효도를 다해야 한다.
3. 임금을 사랑함에 충성으로 해야 한다.
4. 가정을 잘 다스려야 한다.
5. 형제간에 우애가 있어야 한다.
6. 붕우 간에 신의가 있어야 한다.
7. 여색을 멀리해야 한다.
8. 술에 취함을 경계해야 한다.
9. 농업과 잠업에 힘써야 한다.
10. 경학을 익혀야 한다.

원칙 4. 승계과정에 가족을 참여시키고 원활한 승계에 기여하게 하라

오늘날 내가 쌓은 재산과 기업은 가족 모두의 희생과 헌신이 있어 가능하였습니다. 자산의 증여와 가업의 승계를 계획함에 있어 가족의 화합은 반드시 지켜져야 하는 원칙입니다.

내가 하고자 하는 일에 다른 사람의 지지와 노력 그리고 에너지를 얻기 위해서는 리더십이 필요하다는 사실을 우리는 잘 알고 있습니다. 마음을 열어 다른 사람과 소통하고, 다른 사람의 입장을 헤아려 경청할 뿐 아니라 원하는 결과를 달성하기 위해 그들의 기여를 요청하고 진행과정을 수시로 업데이트해줌으로써 다른 사람과 화합하게 됩니다. 가족의 화합을 도모하기 위해서는 후계자를 포함한 가족구성원들을 승계과정에 참여시키고, 원활한 승계과정에 본인이 기여한다는 자부심을 가질 수 있는 분위기를 만드는 것이 중요합니다.

승계과정에 대해 가족구성원들이 동의하지 않거나 그 결과를 받아들이지 않으면, 승계결과를 지지하지 않게 되고, 어느 순간에는 그 결과에 반하는 언행을 하게 됩니다. 가족 간에 생기는 좋지 않은 감정, 불공정하다는 느낌 그리고 형제간의 분쟁은 내가 의도하는 건강한 가족관계를 해칠 뿐 아니라 평생에 걸쳐 이룬 재산의 축적과 유지에도 좋지 않은 영향을 끼치게 됩니다.

설령, 자산증여 및 가업의 승계에 대한 귀하의 결정에 자식들이 동의하지 않을 경우에도 승계의 절차가 공정하게 협의되었고, 미리 설정한 재산증여 및 가업승계 목표에 부합된다면 결과를 받아들일 수 있는 것입니다. 가족이 화합해야만 평생에 걸쳐 축적된 재산의 이전과 가업의 승계를 용이하게 하며, 기업과 재산을 물려받은 다음 세대가 부모보다 더 사업을 성장시켜 세대를 이은 재산축적이 가능한 것입니다.

- 후계자와 배우자 및 다른 가족구성원과 내가 의도하는 승계과정에 대해 소통하여야 합니다.
- 돈보다 정신과 가치관을 물려주겠다는 생각을 가집니다.
- 평등(Equality)과 공정(Fairness)의 개념에 대해 열린 마음으로 대화합니다.
- 정기적인 만남의 기회(가족회의)를 가집니다. 회의 주제, 회의록, 사전 논의 사항의 사전 준비물 공지 등 어느 정도 공식적인 가족회의를 개최할 필요가 있습니다.
- 가족이 지켜야 할 약속과 원칙, 목표에 대한 합의를 명문화('가훈'이나 '가족헌장')하는 것이 필요한지 생각해봅니다.
- 외부전문가의 참여를 고려합니다. 승계의 전반적인 과정을 지원하고 객관적인 입장에서 가족구성원이 발언할 수 있도록 도와주는 역할을 합니다. 또한, 민감한 대화의 경우 완충 역할을 하거나, 모든 가족이 이해할 수 있도록 중재자 역할을 할 수 있습니다.
- 가족의 화합은 쉽게 달성할 수 있는 것은 아니지만, 반드시 불가능하지는 않다는 사실을 인식합니다.

가족의 역동성에 대한 이해

가족은 일반적으로 부부와 자식들로 구성되는데, 가족기업의 경우 형제자매 및 친인척과 그들의 배우자 및 자식을 포함하여 확대되기도 합니다. 가족구성원의 삶에 부정적인 이벤트(자녀의 사업실패와 재산관리 능력부족, 본인의 별거, 이혼, 재혼, 치매)가 생기거나 자녀의 결혼으로 배우자와 손자손녀가 생기면 가족관계가 변하게 되는데 이는 승계를 더욱 복잡하게 만드는 요소가 됩니다. 그러므로 자산승계를 계획할 때는 미래세대도 고려하여야 합니다.

기업경영의 입장에서 보면, 가족구성원은 중요한 인적 자원의 공급원이고, 기업에 근무하는 가족에게는 성장 및 경력의 기초와 재산축적의 기회를 제공합니다. 가족구성원 개개인은 오늘날 내가 축적한 재산과 기업을 가능하게 한 에너지의 원동력이고 주인공입니다. 그러나 재산은 가족 간 분쟁의 씨앗이 되기도 하고, 가족기업에 함께 근무한다는 것은 지속적 갈등의 시작이기도 합니다.

건강한 가족관계를 통하여 가족이 화합하여야 승계과정을 통해 내가 원하는 재산의 축적과 기업의 영속을 담보할 수 있는데, 가족의 화합을 이루기 위해서는 가족의 역동성에 대한 이해가 필요합니다.

가족구성원 개개인의 관심과 욕구의 파악

가족 개개인은 승계과정과 승계 이후 그들 스스로의 미래에 대해 확실한 무언가를 얻고자 한다는 것을 인식하여야 합니다. 개인적인 성장의 기회가 있다고 생각할 때, 원활한 승계과정에 기여하고, 그렇게 함으로써 가족의 일원으로서 자부심을 느끼며 긍정적인 결과를 도출할 수 있습니다. 자산승계의 결과 본인의 역할과 위치 또는 재산과 가업에 대한 지분비율뿐 아니라 다른 가족구성원의 역할과 위치 또는 재산과 지분비율에 대해 가족구성원 각각은 왜 아버지가 그런 결정을 했는지, 그 결정이 공평하고 과정이 공정하였는지에 대해 이해하기를 원합니다.

가족 개개인의 목표, 가치, 비전이 다른 점을 인정하고 이를 건설적으로 탐구하여 이해하려는 노력이 없으면, 가족구성원이 의사결정과정에 참여하지 못하게 되고, 그 결과 갈등이 발생할 가능성이 많아지게 됩니다.

자산승계를 계획함에 있어 가족 개개인의 생각과 삶, 가족관계에 대해 조금 더 이해할 필요가 있습니다. 가족구성원이 성장하여 개인주의 성향이 나타남에 따라 가족 내에서 자신의 위치에 대한 역할은 잊어버리는 행동을 합니다. 어린 시절 좋지 않은 기억으로 왜곡될 수 있는 부모와 자식의 감성적인 문제뿐 아니라 형제간의 질투심, 라이벌 의식 등은 자연스러운 것입니다. 여러 가지 이유로 부모와 자식 사이뿐 아니라 형제자매들이 성장해가면서 좋은 관계를 유지하지 못하고 소원한 경우가 있는데, 장성하여 배우자가 생기게 되면 더욱 악화될 경우가 많습니다. 내가 알고 있는 가족구성원의 특성은 과거의 것이지 현재의 모습을 반영한 것이 아닐 수 있으므로 오랫동안 이야기를 나누지 않은 경우, 가족구성원 개개인의 성격유형검사(MBTI)*를 통

---

* 성격유형검사(MBTI): 사람들의 차이점과 갈등을 이해하고자 하는 노력에서 연구가 시작된 것으로 내가 선천적으로 타고나거나 가지고 있는 선호성을 파악한다. 즉, 에너지를 사용하는 방향이 외부(E)/내부(I)이냐, 외부로부터 정보를 받아들이는 방식이 감각(S)/직관(N)이냐, 그 정보를 판단하는 방식이 사고(T)/감정(F)이냐, 외부세계에 대처하는 생활양식과 태도가 판단(J)/인식(P)이냐에 대한 개인의 선호도를 파악하여 16개의 성격유형으로 나누는 심리검사이다.

해 파악한 상대방의 성격유형에 대해 이야기함으로써 서로의 차이점에 대한 이해를 넓혀갈 수 있습니다.

MZ세대는 1980년대 초반부터 2000년대 초반에 걸쳐 태어난 밀레니얼 세대와 1990년대 중반부터 2000년대 태어난 Z세대를 통칭하는 말이다. 모든 세대는 그들이 성장한 사회적 문화적 배경에 기초한 가치관과 특성을 가지고 있으며, MZ세대의 주요 특징은 아래와 같다.

1. '유리멘탈'
경제적으로 풍요로운 시대에 태어난 MZ세대는 매우 섬세하고 민감하다. 신랄한 지적이나 비판에 익숙하지 않으며, 불공정과 불합리, 환경오염 문제 등에 크게 반응한다. 핵가족화 시대에 부모의 지원이 집중된 데다 사회적으로도 개인의 생각과 성향이 존중되면서 '잘한다', '멋진 생각이다'란 칭찬과 독려를 받고 자랐기 때문이다.

2. 자본주의 키즈(Kids)
어릴 때부터 자본주의 친화적으로 성장했기 때문에 돈과 소비에 편견이 없고, 기발한 아이디어로 각자의 자산을 불리고 세상물정에도 매우 밝은 세대이다. '빚투', '영끌' 등 부동산과 주식에 매우 활발하게 뛰어들고 있다.

3. 발달된 개인주의와 유연한 대인관계
남의 눈치를 덜 보고, 자신의 의견과 선호를 당당하게 주장 및 추구한다.
적당한 거리를 두며 사생활을 존중해주는 관계가 더 멋지다 생각한다.

4. 공정성과 투명성 중시
조직생활에 있어서 성과급의 공정한 배분, 기회균등 및 성차별 유무, 능력과 성과만큼 인정받는 회사에 대한 열망이 어느 세대보다 높으며, 게임의 룰에 불공정함이 드러나면 크게 분노한다.

5. 설명
과거와 달리 '눈치껏' 일한다거나, 두루뭉술하게 직접 부딪혀가며 업무를 체득하는 세대와 다르다. 맞춤형 사교육에 익숙한 MZ세대는 강의나 과외같이 기승전결이 뚜렷한 구체적인 지침과 설명을 필수라고 생각한다.

가족 내에서 소원함이 있다면, 이는 가족구성원들이 각자의 위치에 걸맞은 역할이 무엇인지, 어떻게 가족의 화목에 기여해야 할지 모르고 있다는 것을 의미합니다. 자산승계과정에 참여하고 논의함으로써 소원한 가족관계를 복구하고, 형제들 간의 우애를 이어나갈 기회가 될 수 있으므로 소통에 더욱 유념할 필요가 있습니다. 자산승계를 성공시키는 열쇠는 가족 개개인의 관심사와 표현하지 않은 숨겨진 욕구를 파악하고 배려하여 개인의 성장과 발전을 이룰 수 있는 역할과 방안을 찾아서 자산승계과정에서 이를 만족시킬 수 있어야 합니다.

가족기업의 3차원 모델을 가족기업 이해관계자의 입장에서 보면 7가지 구역으로 나눌 수 있습니다. 각자 어느 부분에 속하는지에 따라 기업에 대한 관심이나 이해관계가 다른데, 이렇게 입장차이가 완전히 다르다는 사실을 제대로 알아도 승계과정에 발생할 수 있는 다양한 갈등과 분쟁을 예방할 수 있습니다. 자신이 처한 상황에 따라 같은 문제를 서로 다른 관점에서 본다는 것, 이런 현상은 매우 자연스러운 것이며 이를 이해하고 인정하는 것이 갈등을 해결하는 방법이라는 것을 깨달아야 합니다.

[표-4] 가족기업 3차원 모델에 있어서의 입장차이

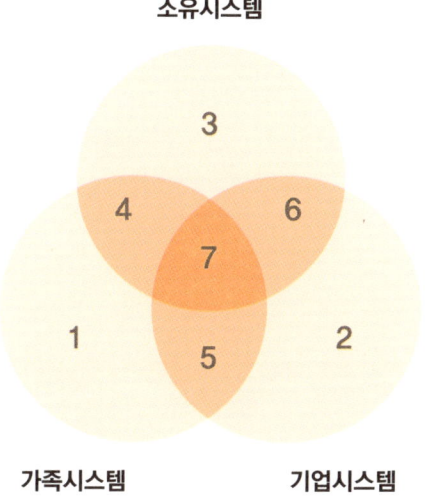

1. 가족 구성원
2. 비가족, 비주주 근로자
3. 비가족, 비근로자인 주주
4. 기업의 주주인 가족
5. 기업에 고용된 가족구성원
6. 가족구성원이 아니고 주주이면서 기업에 근무하는 사람
7. 가족이면서 주주이고 기업에 근무하는 사람

내가 원하는 가업승계가 되게 하려면, 승계를 둘러싼 다양한 이해관계자의 입장과 이익에 균형을 맞출 수 있는 해법을 찾아야 합니다. 가업승계의 목적을 염두에 두되, 승계결과에 대한 이해관계자 각각의 기대를 관리하여 가족, 기업, 소유권 측면에서 발생할 수 있는 도전과제를 유기적으로 고려하여야 합니다. 후계자 후보, 후계자 이외의 가족구성원, 주주 및 회사의 주요 임직원, 회사와 관계된 친인척 등 모든 이해관계자들의 이해가 다르므로 바람직한 승계결과를 이루기 위해서는, 이해관계자들에게 승계과정을 설명하고 참여할 기회를 줄 뿐 아니라 원활한 승계가 될 수 있도록 그들의 기여를 요구하고, 기대하는 바를 명확히 하는 것이 필요합니다.

가족구성원 각자의 역할과 관심사에 대해 적어봅시다.

성명	생년	관계	현재 역할 (개인적/사업적)	본인이 하고 싶어 하는 것 (개인적/사업적)	제안할 역할 (개인적/사업적)

대화와 의사소통

자녀들이 회사에서 일하게 되면 가족들 간의 개방적이고 적극적인 의사소통이 무엇보다 중요합니다. 대화와 소통을 통하여 가족구성원을 자연스럽게 승계과정에 참여시킬 수 있는데, 그렇게 하면, 가족과 기업의 문제를 보다 더 잘 이해할 수 있고 가족과 기업의 구성원으로서의 자부심을 높일 수 있습니다. 대

"나 자신이 변해야 모든 상황이 변한다."
헨리 데이비드 소로

화를 하고 신뢰를 구축해야 하는 것을 알고 있지만, 알고 있는 것을 실천으로 옮길 의지와 기술이 부족한 경우가 많습니다. 아는 것과 하는 것의 차이는 매우 크고 결정적입니다. 그 차이는 연습에 의해서만 극복될 수 있습니다. 골프나 헬스를 시작할 때처럼 나를 도와줄 수 있는 코치를 모셔서 원만한 대화를 이끌어낼 수 있는 기술을 훈련하고 대화법을 지도받는 등 연습을 하여야 가족들 간에도 원활한 대화와 소통이 가능하고 그 결과 신뢰관계를 강화할 수 있습니다.

귀하는 사회생활을 하거나 기업을 경영할 때에는 경청자가 되어 다른 사람의 의견을 듣고, 대화하며 관계를 이어갈 수 있었기 때문에 나름 성공한 것입니다. 그러나 부모로서 자녀들에게 자산승계에 관한 자신의 생각, 개인적인 계획, 자녀들 각자에 대한 염려와 기대를 이야기하는 것은 평상시 꺼내기 어렵고 불편한 일이라 자식들과의 대화가 쉽지 않습니다. 부모는 자식들에게 '훌륭한 경청자'가 되어야 합니다. 가장인 내가 변해야 좋은 대화를 이끌어낼 수 있는 것입니다.

가족관계에 생길 수 있는 갈등에 대하여

갈등은 사람과의 관계에서 자연스러운 것입니다. 어릴 적 감정과 분노 그리고 질투와 경쟁심이 계속될 가능성이 있으며, 가족 내에서 자기 뜻대로 상대방을 통제하려고 할 때 갈등이 생깁니다. 건강하지 못한 가족은 증상이 나타나도 그냥 지나치  거나, 알더라도 서로 인내하지 못하고 짜증을 내거나 회피해버리게 되어 갈등이 쌓여가며 증폭되어 가다가, 가족 간의 대화와 신뢰가 단절되어 때로는 극단적인 상황까지 치닫게 됩니다.

특히, 가족기업은 갈등을 왜곡하고 증폭시킬 수 있습니다.

많은 이들은 갈등과 가족관계에 문제가 생기는 것을 두려워합니다. 하지만 현실을 직시하고 되돌아볼 수 있는 기회로 갈등을 받아들이면 창조적인 힘이 됩니다. 가족의 화목을 유지하는 것이 대단히 중요한 것이긴 하나, 갈등과 변화는 가족구성원 개개인의 성장과 건강한 가족관계에 필수적인 것입니다.

건강한 가족은 갈등상황에 처하면 이를 해결하기 위한 일련의 과정을 행동으로 옮깁니다. 갈등의 원인과 문제를 파악하고, 소통하고, 브레인스토밍을 통해 갈등 해결 방안을 모색한 후에 해법을 선택하고 실행하는 과정을 거치게 됩니다. 갈등을 해결하는 출발점은 어떤 문제나 결정에 상반되는 당사자끼리 직접 얼굴을 맞대고 대화하는 것입니다.

배우자의 역할

기업에 함께 근무하는 아버지와 자식의 관계는 불편해질 가능성이 많습니다. 특히, 심리적으로 성숙하지 않은 젊은 시절에 낳아 기른 첫째 아이와 강압적이며 공감능력이 떨어지는 아버지와의 관계는 원만하기가 쉽지 않습니다. 배우자가 기업에 근무하지 않는다는 이유로 가업승계과정에 참여시키지 않는 경우가 있는데, 배우자는 가업승계를 성공적으로 이끌 수 있는 이해관계자이기도 하고, 창업자와 후계자의 중재자로서 승계의 전반적인 과정에서 발생할 수 있는 갈등을 최소화하면서 원하는 결과를 도출할 수 있으므로 승계과정에 적극적으로 참여시킬 필요가 있습니다.

삼각관계는 세 사람 사이에 나타나는 관계 형태인데, 두 사람 사이의 관계에서 갈등이 있거나 불안의 정도가 높아지면 제3자를 끌어들여 삼각관계를 형성합니다. 어떤 가족구성원은 가족 내에 형성되는 삼각관계를 장점으로 바꿀 수 있는 힘이 있는데, 두 사람 사이에 중재자의 역할을 하는 어머니는 아버지와 아들에게 영향력을 행사하여 그들의 관계를 견고하고 강하게 할 수 있습니다.

가족기업을 영위하는 아버지와 아들이 집에 돌아오면 회사에서 일어난 언행 때문에 서로에게 못마땅하다고 어머니에게 불평하기도 합니다. 중재자로서의 어머니는 대화하면서 두 사람과 각각 공감하면서 격려하고, 두 사람을 북돋우는 질문을 하게 됩니다. 아버지에게는, 요즘 아이들의 생각과 특징에 대해 이야기하며, 표현방식 때문에 본인의 의도와 달리 다르게 받아들일 수 있어 종종 아이들의 마음을 다치게 할 수 있다는 점을 공감시키고, 아들의 장점과 잘하는 것을 이야기해주며 아들이 관심을 가지고 있는 주제를 갖고 접근해보라고 권유할 수 있습니다. 이는 아들에 대한 바람직한 아버지의 역할이 무엇인지 일깨워주고 격려함으로써 부자지간의 문제를 직접 해결할 수 있는 건설적인 방법을 실행할 수 있도록 도와주는 것입니다.

회사에서 아버지와의 충돌로 불편한 아들은 이 문제를 집으로 가져와 어머니에게 털어놓게 되는데, 이 문제는 더 이상 사업상의 문제가 아니라 가족의 문제가 됩니다. 아들에게는, 아버지의 아들에 대한 만족스럽지 못한 메시지를 전달하는 대신에 어려운 환경에서 자라 맨주먹으로 자수성가한 아버지의 강압적인 언행을 이해할 수 있도록 도와주고, 아버지 말의 맥락과 내포된 의미를 이해해보라고 충고할 수 있습니다. 집에서는 부자지간(父子之間)이지만, 직장에서는 사장과 부하 직원이므로, 상하관계를 긍정적으로 변화시킬 수 있는 계기를 만들어보도록 자연스럽게 넛지(Nudge)* 할 수 있습니다. 중재자로서의 어머니는 두 사람이 의견차이로 인해 직접 부딪쳐서 파국에 이르는 것을 예방하고, 의미 있는 변화를 만들어낼 수 있는 것입니다.

그러므로 어머니는 원활한 승계를 이루어지게 하는 강력한 지원자로서 아버지와 아들이 서로 신뢰할 수 있도록 자연스럽게 개입하여 그들의 관계를 견고하고 유연하게 만들 수 있으며 특히, 다음과 같은 이슈에 대해서는 중요한 역할을 해야 합니다.

- 가족화합이 유지될 수 있는 방안
- 기업소유구조의 명확한 설계
- 기업에 참여하지 않는 가족에게 공평한 재산분배(상속증여)가 보장되는 방안

---

* 넛지(Nudge): 행동주의 경제학에서 사용하는 용어로 사람들을 자연스럽게 바람직한 방향으로 유도하되, 선택과 행동의 자유는 여전히 개인에게 열려 있는 상태를 말한다.

가정에서의 공정함

자녀들이 성장하여 성인이 되었음에도 부모의 입장에서는 아이로 대할 위험이 있습니다. 부모는 통제를 원하고, 자녀들은 독립을 원합니다. 이런 보수적인 환경에서는 자녀들이 새로운 아이디어, 열망이나 포부를 표현하기 쉽지 않으며, 대화를 함에 있어 참여와 자율을 저해하기도 합니다. 부모와 아이 관계에서 부모와 어른의 관계로 진화하기 위해서는 공정성과 상호 공경이 대단히 중요합니다.

그런데, 기업과 가족은 본질적으로 공정하지 않습니다. 오늘의 가족과 재산이 자녀들의 삶을 결정하였고, 가족의 재산을 창출하는 데 기여하지 못했기 때문에 젊은 세대는 힘없고 가치 없다고 느끼기 쉽습니다. 재산과 소유권에 관한 정책을 결정하는 의사결정과정에 젊은 세대의 의견을 경청하고, 결정의 배경과 기대하는 바를 설명하는 '절차의 공정성'을 지키면, 가족구성원의 의미 있는 참여와 지지를 확보할 수 있습니다. 절차의 공정성은 의사결정을 함에 있어 구성원들의 동참, 의사결정 배경에 대한 설명, 의사결정 결과에 대한 구성원 각자의 기대를 명확히 하는 세 가지 상호 보완적 원칙으로 구성되어 있습니다.

[표-5] 절차의 공정성 3요소

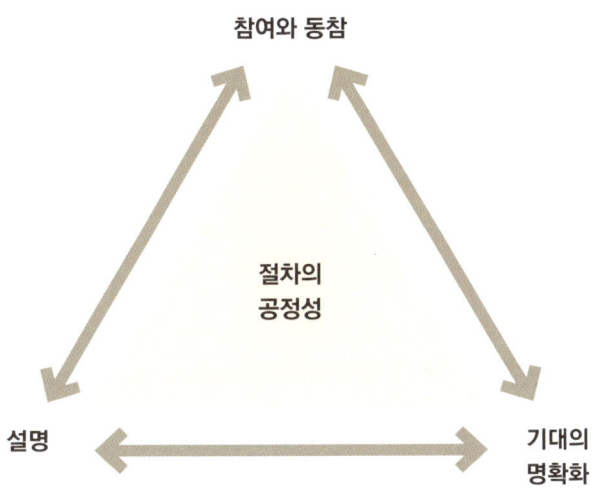

참여와 동참(Participation)이란 가족에 영향을 미치는 의사결정, 계획 그리고 가족문제에 가족구성원을 참여시키는 것입니다. 가족의 여러 문제에 가족 개개인들에게 의견을 묻고, 다른 사람들이 낸 아이디어의 배경과 그 장점에 관해 토론하게 함으로써 아버지는 그들의 아이디어를 존중한다는 메시지를 주고 아이들의 미래 역할에 대한 아버지의 인정을 의미합니다. 토론을 장려하는 것은 사람들의 사고력을 높이고 또 그들이 모두 함께 생각하도록 하는 기반을 조성해주기 때문입니다. 참여와 동참은 아버지가 더 좋은 의사결정을 내리도록 하며, 그런 의사결정에 관계된 사람들로 하여금 자발적으로 참여하도록 도와줍니다.

설명(Explanation)이란 문제에 관련되고 영향을 받는 모든 사람들에게 왜 최종결정이 그렇게 되었는지 설명하여 이해시키는 것입니다. 의사결정의 근간을 이루는 생각에 대해 설명해줌으로써, 아버지는 가족구성원의 의견을 고려하고 있고, 가족 전체의 이익을 위해 공정하게 의사결정을 했다는 확신을 그들에게 주게 되는 것입니다. 설명을 함으로써 가족구성원들은 그들의 아이디어가 거부되었을지라도 아버지의 의도를 신뢰하게 됩니다.

기대(Expectation)는 가족구성원 각각의 기대를 명확히 인식하는 것입니다. 가업을 운영하는 가족의 경우 계획과정이나 의사결정이 본인의 기대와 달라 갈등을 겪는 경우가 있는데, 서로의 기대에 대해 논의하지 않거나 명시적이지 않을 경우, 가족 간 불화의 원인이 되기도 합니다. 또한, 일단 의사결정이 내려진 것에 관해서는 어떻게 그것을 준수해야 하는지에 관해 가족구성원에게 기대하는 바를 명확하게 하는 것입니다. 공정한 절차에 이르기 위해서는, 의사결정의 결과 가족 개개인들이 무엇을 해야 하는지 명확하게 이해하고 있을 때, 오해를 미연에 방지할 수 있는 것입니다.

가족문제의 처리와 의사결정은 항상 민주적이지는 않습니다. 최종결정에는 가장이 다른 사람보다 더 영향력이 있고 통제권을 가지는 것이 일반적입니다. 가업의 후계자를 정할 때 가족관계를 강화하고, 가족구성원의 전폭적인 지원을 얻는 최선의 결정을 하기 위해서는 배우자와 자녀들의 생각과 아이디어를 경청하고, 그들의 걱정을 충분히 고려하여야 합니다. 재산을 배분하는 결정에 있어서도 마찬가지입니다. 재산의 배분에 대한 가족구성원 각각의 기대를 인식하고, 재산배분결정에 대해 가족 개개인들로부터 본인이 기대하는 행동을 명확히 함으로써 가족 및 사업관계를 향상시킬 수 있습니다. 가족의 화합과 회사의 장기적인 이익을 위해 타협과 희생이 필요하다는 것을 인정하기 때문에 아버지의 결정에 전적으로 동의하지는 못하더라도, 이런 공정한 절차와 과정을 거친 아버지의 결정을 수용할 수는 있습니다. 자신의 결정과 기대를 가족들에게 설명하는 것은 그 자체로 어려운 생각과 행동의 변화이지만, 가족구성원들의 신뢰와 자발적 참여를 이끌어내려면 절차의 공정성을 유지하는 것이 필수적입니다.

가족의 참여를 가능하게 하는 가족회의

CEO는 무엇이든 할 수 있다는 자신감, 조직을 이끌어가는 카리스마가 있어 완고하고 권위적인 경우가 많습니다. 그러나 가족의 힘을 함께 모으기 위해서는 가족구성원 간의 의사소통이 매우 중요합니다. 가족들이 원활하게 의사소통을 하는 가장 좋은 방법은 가족회의를 정례화하는 것입니다. 아이들은 자라면서 독립적이고 개인적인 성향을 보이게 되는데 가족회의로 가족구성원 서로를 결속하게 하는 '공통의 무엇'을 발견하고 강화할 수 있습니다. 성공한 가족들은 '우리가 공통으로 가진 것이 무엇인가?'에 초점을 둡니다. 서로의 차이에 초점을 맞추기보다는 가족구성원이 공통으로 가진 공유된 가치, 목표 그리고 세상을 살아가는 방법에 대한 생각들을 함께 하는 것입니다.

어릴 때 생길 수 있는 마음의 상처나 입장의 차이로 모든 가족은 갈등이 있게 마련인데, 갈등이 깊어지면 습관이 되고 서로에 대한 감정이나 사랑이 메말라버리게 됩니다. 그러나 가족회의를 하게 되면 이러한 갈등을 좀 더 나은 관점에서 다룰 수 있습니다. 서로의 의견을 경청하고 사랑과 감정의 유대를 장려하는 분위기를 연출함으로써 건강한 가족을 만들 수 있습니다. 가족회의는 가족구성원들에게 리더십의 개발, 갈등의 해소, 말하는 법, 남의 이야기를 잘 듣는 법, 그리고 회의를 운영하는 법 등 많은 능력을 개발할 수 있는 기회를 제공합니다.

가족회의를 가지는 시기는 빠를수록 좋습니다. 부모가 아이와 함께 집안의 여러 가

지 문제를 상의했을 때, 아이
는 존중받고 있다는 생각이
들어 강한 책임감과 유대감을
느끼게 됩니다. 자녀들이 아
주 어릴 때부터 비공식적인
가족회의를 자주 가지는 것이
바람직한데, 휴가계획, 여름방
학의 일정계획, 게임을 할 수

있는 시간제한 등 집안의 대소사에 대해서 토의하기 시작합니다. 청소와 심부름 등 집안일들을 어떻게 배분할 것인가 등도 역시 주제가 될 수 있는데 5~10분 정도 하는 가족회의가 예상하지 못한 즐거움을 가족들에게 안겨주기도 합니다. 가족회의는 아주 어린 아이라 하더라도 잘 듣는 것(경청), 상대방의 논리와 가치를 이해하는 것, 결과를 만들기 위하여 행동하는 것 등의 중요성에 대하여 자연스럽게 배울 수 있게 합니다.*

자녀가 청소년기가 되면 한 달 용돈 예산(budgeting)을 수립하게 하여 돈의 소중함과 일하는 것의 의미와 즐거움에 대해 이야기할 수 있습니다. 그 후에는 아이들을 자신의 일터로 초대하여 아이들로 하여금 사업이 가지는 여러 문제와 왜 아버지가 그렇게 열심히 일하는지, 그리고 열심히 일한 것에 따른 보상에 대하여 깨닫게 하는

---

* 가족회의의 10가지 장점
① 가족의 가치관, 전통과 역사를 지키고 이어감
② 가족 개개인의 성장과 발전, 가족 화합
③ 다음 세대가 재산을 관리할 수 있도록 도움
④ 갈등의 인식과 해결
⑤ 기업의 발전
⑥ 가족의 사업 참여에 대한 계획수립
⑦ 미래의 기업 소유에 대한 계획수립
⑧ 후계자의 결정과 원만한 가업승계의 실행
⑨ 사업의 전문화
⑩ 가족과 임원과의 관계 관리

겁니다. 가족이 영위하는 사업을 설명하고 사업에 대한 부모의 기여와 역할을 설명함으로써, 그런 가족의 구성원이라는 자부심을 고양시킬 수도 있습니다. 가족기업을 창업하여 사업의 성공과 가족의 행복을 위해 밤낮없이 일하게 되어 어린 아이들과 추억을 함께할 수 없었고, 이로 인해 아이들이 가질 수 있는 상처나 소외감 등을 진정시킬 수 있습니다.

자녀가 20대 혹은 그 이상이 되면, 사업에 관한 이야기에 보다 많은 시간을 할애할 수 있습니다. 가족기업을 소유하고 경영하는 의미와 보람, 그로 인한 경제적인 보상 뿐 아니라 책임감 등을 가르칠 수 있습니다. 가족 재산을 늘리거나 유지하는 데 필요한 내용이나 가족구성원의 사업 참여에 대한 생각과 정책, 경영권 승계와 후계자 선정, 사업체의 미래 혹은 사업체 내에서의 가족의 역할 등에 대한 중대한 의사결정이 필요할 때 가족회의를 통해 가족의 의향과 몰입을 이끌어낼 수 있습니다. 가족회의는 얼마만큼의 부를 자녀에게 상속할지를 결정하는 데 도움을 주고 자녀들에게 책임감과 중요한 가치를 불어넣어줄 수 있는 수단이 될 수도 있습니다.

가족회의는 계획을 효과적으로 추진할 수 있게 하며 잠재적으로 심각한 문제를 초래할 가능성이 있는 갈등을 조기에 알리고 위기가 되기 전에 그 차이점을 공개하여 해결하는 것을 도와줍니다. 효과적인 가족회의를 준비하는 것은 상당한 계획과 노력을 필요로 하지만, 가족이 함께 회의를 하는 것은 구성원들로 하여금 깊게 생각하고 가치를 공유하게 하여 가족 전체와 사업을 위한 최선의 결정을 할 수 있습니다.

사업을 하는 가족의 가족회의는 목표와 결정을 공유하고, 일반적인 문제를 토의하고, 사업에 대해 배우고, 가족의 정체성, 가치와 전통을 보존하기 위해서 가족들을 한데 모음으로써 개인의 성장과 지역사회에서의 꿈과 가치를 드러내고 개발시킬 수 있는 최고의 기회들을 제공합니다. 또한, 가족회의는 사업의 미래에 대한 계획을 가능하게 함으로써 경영권을 승계하거나 사업체를 매각하여야 할 때 별다른 충격 없이 원활하고 무난하게 헤쳐 나가게 합니다.

가족기업이 여러 세대에 걸쳐 이어지게 된다면, 가족구성원의 기업에 대한 관심과 태도가 달라질 가능성 역시 증가하게 됩니다. 가족구성원의 수가 많거나 어떻게 진행해야 할지 잘 모르는 경우 외부의 전문가를 초빙하여 가족 Workshop을 개최하는 것도 좋은 방법입니다. 가족 Workshop은 다음과 같은 프로그램으로 구성할 수 있습니다.

- 가족과 기업에 대한 이해의 증진
- 가족구성원 서로를 이해하고, 관심사를 논의함으로써 갈등 예방의 계기
- 개인과 가족의 가치에 전제가 되는 정제된 명확한 비전 수립
- 가족 전체 구성원들이 따라야 할 행위의 원칙이 되는 가족헌장이나 행동규범의 작성
- 후계자의 개발과 선정에 대한 정책 수립
- 지분 이동에 대한 정책 결정
- 즐겁고 유쾌한 시간을 같이 보낼 수 있는 계기

정형화된 가족회의의 정기적인 개최는 가족 간에 발생할 수 있는 오해와 갈등 그리고 분쟁을 사전에 예방하여 가족의 화합을 도모할 기회를 제공합니다. 또한, 가족기업의 영속적인 발전을 위하여 가족의 참여와 헌신을 이끌어낼 수 있는 강력하고 효과적인 장치로서 가족이 공유하는 가치관을 정립하고 이를 승계할 수 있는 도구의 역할을 하게 됩니다.

어느 가족기업 가족을 위한 One day Workshop

9:30~10:30	건강한 가족기업의 조건 (외부강사)
10:50~11:40	가족과 기업의 역사 (집안의 어른 또는 CEO)
12:00~12:30	기업의 현황에 대한 설명 (재무담당이사)
12:30~14:00	점심식사
14:00~16:00	가족과 기업의 미래를 위한 제반 issue 브레인스토밍
16:30~17:30	Action Plan 수립
17:30~18:00	Debriefing
18:00	저녁식사

가족회의의 주요 의제(예시)

1. 어떻게 가족구성원 개개인의 희망과 목표를 파악하고, 지원해주어야 하는가?
2. 가족구성원 개개인의 현황과 불평등한 환경은 당연한 것인데, 이를 어떻게 다룰 것인가? 도움이 필요한 가족구성원을 어떻게 도와줄 것인가?
3. 세대 간의 갈등과 자녀들 간의 갈등을 어떻게 다루어야 하며, 미래의 가족관련 결정을 어떻게 해야 하는가?
4. 가족의 핵심적인 가치는 무엇이며, 재산이 가족구성원에게 주는 의미는 무엇인가?
5. 가족구성원들이 따라야 할 행위의 원칙이 되는 행동규범의 공유와 작성
6. 가족구성원들의 새로운 사업 아이디어를 어떻게 지원해주어야 하는가?
7. 가족구성원 중 누가 사업체의 후계자가 될 것인지 어떻게 결정할 것이며, 직책과 권한을 어떻게 결정해야 하는가?
8. 가족기업을 영속하기 위한 비전을 어떻게 지켜나갈 것인가? 가족의 가치가 어떻게 사업전략을 강화할 수 있는가?
9. 사업체의 소유주로서 우리의 책임은 무엇이며, 자녀들에게 책임감에 대해서 어떻게 가르칠 것인가?
10. 사회에 대해 어떠한 공헌과 책임을 가질 것이며, 가족, 종업원, 주주, 고객, 지역사회의 기대에 대한 균형을 어떻게 맞출 것인가?

다음 장으로 넘어가기 전에, 아래 사항을 고려하였는지 확인하여 *Tick Mark* 하십시오.

승계과정이 가족 화합의 기초가 되는지요?	☐
가족의 화합을 강화할 수 있는 효과적인 의사소통 전략을 세웠는지요?	☐
가족구성원들과 정기적인 가족회의를 개최하기로 하였는지요?	☐
가족구성원 개개인이 성장할 수 있는 기회를 제공하고, 원활한 승계과정에 기여하는 각자의 역할을 정하고 가족의 일원으로서 자부심을 느낄 수 있도록 하였는지요?	☐
본인의 평상시 가치관과 가훈을 정리하였는지요?	☐
가족과 기업, 어느 것을 우선시하는지요?	☐
기업을 영위하는 가족공동체의 가치관을 발견하고 이를 '가훈'이나 '가족헌장'의 형태로 정리하였는지요?	☐

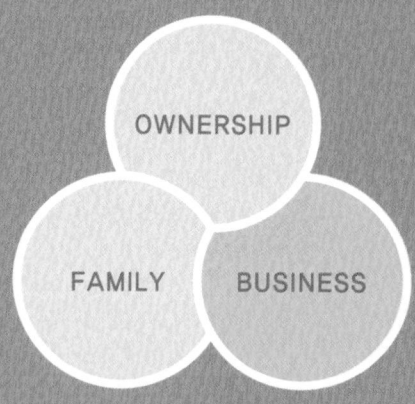

4장

사업

기업은 승계 이후에도 귀하가 경영하던 것보다 후계자가 더욱 성공적으로 경영할 수 있어야 합니다. 그렇게 하여야 자식같이 소중한 기업은 영속할 수 있게 되고, 그 결과 기업가치가 높아져서 승계의 대상이 되는 재산도 늘어나게 됩니다. 기업을 영속하기 위해서는 후계자를 선정하여 역량을 개발하고 육성하여야 하는데, 후계자가 결정되면, 세금을 최소화할 수 있는 방식으로 본인이 소유하고 있는 기업의 주식을 후계자에게 이전하게 됩니다. 또한, 세금을 절감하기 위해 세법상 주식평가액을 감소시키는 노력과는 별도로, 기업가치를 증대할 수 있도록 후계자와 함께 경영이념을 재정립하고, 기업가치를 이루는 핵심동인(Driver)이 무엇이고, 이것을 강화하기 위해 어떤 일과 투자를 할 것인지 생각해야 합니다.

가업승계는 육상경기의 하나인 이어달리기(계주)에서 바통을 넘겨주는 것과 유사합니다. 바통을 잘 넘겨주기 위해서는 앞선 주자가 최선을 다해 달리면서 뒤에 오는 다음 주자에게 넘겨주어야 합니다. 앞선 주자가 바통을 넘겨주면서 멈칫거리거나 실수를 하면 바통을 넘겨주기가 쉽지 않습니다. 사업을 가족에게 승계하든, 다른 투자자에게 기업을 매각하거나 임직원에게 사업을 물려주든, 본인이 기업가치를 높이는 데 최선을 다해 집중하면서 승계과정을 진행하여야 승계 이후에도 기업이 영속할 수 있습니다.

이 장에서는 자산승계 계획을 준비함에 있어, 사업을 영속할 수 있는 승계방식과 후계자를 선정하고, 후계자에게 주식을 이전하는 방안과 후계자와 함께 경영이념의 정립과 전략경영계획을 수립하는 등 기업가치를 증대하기 위한 기반을 마련하고, 우발적 상황에 대비한 비상경영계획의 수립에 대해 살펴보겠습니다.

원칙 5. 기업가치, 가격이 최우선이 아니다

중소기업의 가치는 Owner인 경영자의 가치와 같다고 합니다. 적합한 후계자를 선택하는 것이 기업의 가치를 결정하는 것입니다. 기업의 가치를 산정하는 방법은 여러 가지가 있는데, 기업의 가치를 가장 잘 나타내는 시장가치는 제3자인 잠재적인 인수자가 기꺼이 지불하고자 하는 가격입니다. 그러나 중소기업의 경우 시장가치를 산정하기가 쉽지 않고, 보는 관점이나 목적에 따라 기업가치는 상당한 차이가 있을 수밖에 없습니다.

가족인 후계자에게 기업을 승계할 경우, 본인이 보유한 주식을 이동하여야 하는데, 막대한 조세부담을 최소화하기 위해서는 세법상 주식평가액을 관리하여 주식이동의 방식과 시기를 결정하여야 합니다. 외부투자자의 투자를 받고자 할 경우 회사의 사업계획에 기초하여 미래현금흐름을 추정하고, 위험을 고려한 할인율을 적용하여 기업의 가치를 평가하거나, 회사의 영업이익에 해당 산업의 사정을 고려한 배수를 적용하여 기업가치를 산정하는 방법이 사용되기도 합니다.

기업을 가족구성원에게 승계하거나 제3자에게 매각하고자 하더라도 사업이 영속 가능하다는 확신을 보여주고, 임직원의 고용유지에 집중하여야 기업을 승계받을 사람은 그에 맞는 가치를 인정할 수 있습니다.

사업의 영속을 위한 승계방식

귀하는 기업을 창업하여 평생에 걸쳐 성장시켜 왔습니다. 오늘의 기업은 귀하의 땀과 노력, 희생뿐 아니라 기업이 직면한 어려움을 극복하고, 기꺼이 위험을 부담한 투자의 결실이기도 합니다. 가업을 후계자에게 물려주든, 제3자에게 매각하든 수십 년 동안 일군 자식 같은 기업이 계속 기업으로서 영속하고, 전통이 이어지기를 바라는 것은 인지상정입니다. 또한, 나를 믿고 따라준 임직원들 역시 내가 물러나더라도 정당한 보상과 고용이 유지될 수 있기를 기대합니다.

귀하가 처한 환경과 이루고자 하는 목표에 따라 가업승계 방식은 다양할 수 있는데, 선택가능한 가업승계의 방식은 아래와 같습니다.

- 가업이 이어질 수 있도록 가족 중에서 1명을 CEO로 선임하여 경영을 승계하고, 적당한 시간 내에 주식을 증여한다.
- 현재 재산과 사업을 몇 개의 부분으로 쪼개어, 가족구성원에 각각 배분하여 승계한다.
- 사업을 승계하고자 하는 다른 사람의 사업과 합병하여 승계과정을 함께한다.
- 전문경영인을 영입하여 CEO로 임명, 경영하게 하고, 가족구성원은 주주로 남는다.

- 회사의 임직원에게 합리적인 조건으로 매각(Management Buyout)한다.
- 제3자에게 가장 좋은 가격으로 매각(M&A)한다.

앞에서 설명한 대안 이외에 한 가지가 더 있습니다. 이것은 아주 위험한 방식임에도 불구하고, 대다수의 CEO는 이 방식(아무것도 하지 않기)을 선택하고 있습니다. 가족과 기업, 그리고 기업가치에 큰 영향을 미침에도 불구하고 아래의 이유로 가업승계의 방식을 결정하지 못하고 있는 것입니다.

- 가업을 승계할 만한 자녀를 선택할 수 없다.
- 자식들 중 아무도 내 사업을 물려받으려 하지 않는다.
- 내가 하던 방식으로 기업을 경영할 수 있는 사람이 아무도 없다.
- 나는 죽을 때까지 일할 것이며 내가 죽은 후에는 어떻게 되건 상관없다.

가업승계에 대해 '아무것도 하지 않기'는 시간이 지나감에 따라 기업가치를 현저히 떨어지게 하며, 어느 날 새로운 경영진과 주주가 맡아 경영하게 되더라도 기업이 영속될 수 있는 가능성이 줄어듭니다. CEO가 기업을 더 이상 경영하지 못하게 되면, 기업은 더 이상 지속할 수 없어 기업을 폐업하여 청산하거나, 기업을 헐값으로 제3자에게 매각할 수밖에 없는 것입니다.

후계자의 선정과 주식이동

기업의 영속을 위한 후계자의 선정

승계에 있어 가장 중요한 일은 기업을 영속시킬 수 있는 후계자를 선정하고, 본인이 건강할 때 후계자가 기업을 경영할 수 있는 역량과 능력을 가질 수 있도록 교육하고 지도하여야 합니다.

경영학의 구루인 피터 드러커는 "위대한 영웅인 CEO가 치러야 할 마지막 시험은 후계자를 얼마나 잘 **선택**하는지와 그의 후계자가 회사를 잘 경영할 수 있도록 양보할 수 있는지에 관한 것이다." 라고 말하고 있습니다.

중소기업의 경우 임직원들이 유능하다 하더라도, 전적인 책임감을 가지고 경영을 하는 것과는 다릅니다. 또한, 제3자에게 매각하려고 해도, 중소기업의 인수를 원하는 사람을 찾기도 쉽지 않고, 내가 원하는 가격에 매각하기가 쉬운 일이 아닙니다.

먼저 자식을 후계자로 정하는 노력을 하여야 합니다. 자식인 후계자는 내가 하기에 따라, 현재 CEO인 나와 기업에 잘 어울리고 함께하여 조화를 이룰 수 있습니다. 자식은 자라나면서 나의 가치관과 기업을 경영함에 따른 막중한 책임감에 대해 잘 알고 있습니다. 아버지가 만든 회사, 할아버지가 만든 회사를 내가 망하게 할 수 없다는 책임감이 장수기업을 만든다고 합니다. 크게 유능하지 못하더라도, 유능한 역할을 하는 임직원들과 소통하고 리드할 수 있는 능력을 전수하여 자식을 후계자로 선택하는 것이 바람직합니다.

다만, 내가 자식을 후계자로 선택하는 것이 아니라, 자식 스스로 아버지의 사업을 승계하여 아버지보다 나은 기업을 만들어보겠다고 자청할 수 있도록 자연스럽게 개입하는 것이 바람직합니다. 사장이란 자리가 힘들고 어려워 그만두고 싶을 때, 아버지가 시켜서 한 것이 아니고 본인 스스로 선택하였다면 어떠한 어려움도 극복할 수 있는 의지가 생기기 마련입니다.

조기에 자녀를 후계자로 정하고, 대내외에 알려 후계자에게 맞는 기업운영 시스템을 갖추게 하여, 기업가치를 증대시키도록 노력하는 것이 기업을 영속하기 위한 필요조건입니다.

후계자에게 본인 소유의 주식 이동

후계자를 정하면, 본인이 보유하고 있는 기업의 주식을 후계자에게 양도하거나, 상속, 증여 등의 방식으로 이동하게 되는데, 아래 방법을 고려할 수 있습니다.

- 현재 회사의 주주 중 실질 주주가 아닌 사람의 주식은 양도 양수 방식으로 정리하거나, 명의신탁 주식을 실질주주 명의로 환원한다.
- 부모 자식 간에 주식을 양도 양수하고, 대금은 외상 또는 분할 지급한다.

- 개인이 소유하고 있는 주식을 관계회사 또는 후계자가 지배하는 법인에게 양도, 상속, 증여의 방식으로 이동한다.
- 본인이 소유하고 있는 법인에 대한 주식을 법인이 매입(자기주식)하여 감자한다.
- 현재 사업을 몇 개의 사업으로 분할하거나, 본인이 보유하고 있는 회사의 주식을 현물출자 하거나 증여하여 지주회사를 설립하는 등 사업의 지배구조를 개편한다.
- 재단 등 비영리법인에게 증여한다.
- 개인 사업으로 영위하고 있는 사업을 법인으로 전환한다.

세법상 기업가치(주식평가액)의 관리

주식이동에 따른 조세부담을 최소화하기 위해서는 가업승계 대상 기업의 세법상 주식평가액을 산정하고, 세법상 주식평가액을 낮출 수 있는 방안을 검토하고 실행한 후 그 결과에 따라 양도, 상속, 증여 등 주식이동의 방법과 시기를 관리하여야 합니다.

세법상 시가(時價)에 의할 경우

주식을 상속, 증여 및 양도할 경우 재산의 가액은 시가에 의합니다. 상장법인의 경우 시가가 형성되어 있어, 세법상의 시가는 상속증여시점 전후 2개월 종가평균액으로 하므로 주식가격이 떨어졌을 때 사전증여하면 증여세를 절약할 수 있습니다.

세법에 정하는 시가로 인정받기 위해, 우리사주조합을 만들어 직원들이 우리사주조합 내에서 자유롭게 회사주식을 거래하도록 할 수 있습니다. 회사가 가격결정에 개입하지 않는다면, 우리사주조합원끼리 자유롭게 거래하여 형성된 주식가격은 시가로 인정받을 수도 있습니다. 또한, 프리보드 또는 코넥스 등 비상장기업을 위한 주식거래시장을 활용할 수도 있습니다. 특수관계자가 아닌 제3자 간의 주식거래가 시가를 형성할 만큼 충분하다면, 이렇게 형성된 가격을 세법에서 정하는 시가로 인정받을 수 있고, 그 가격으로 특수관계자끼리 주식거래를 할 수 있습니다.

보충적 평가방법에 의한 세법상 주식평가액

시가가 없는 비상장주식의 세법상 평가액은 과거 3년간의 1주당 순손익가치와 주식이동 직전 결산기말의 1주당 순자산가치를 3:2의 비율로 가중 평균하여 산출하도록 정하고 있습니다. 세법상 주식가치는 다음과 같은 방법을 통해 조정하여 세금을 최소화할 수 있는데, 후계자에게 승계하고자 하는 기업은 과거 실적뿐 아니라 추정 재무제표를 작성하여 매년 세법상의 주식가치를 관리하고 이에 따라 주식이동의 시기를 결정하여야 합니다.

- 순손익가치(세법상 순이익)를 낮추는 방안
  - 이익(손실)이 많은 사업부문의 합병(분할)
  - 매출귀속 시기의 연기
  - 감가상각, 특별상여, 퇴직연금, 홍보비 등 비용의 조기 집행
  - 미래 추정이익으로 순손익가치 산정이 가능한지 검토

- 순자산가치를 낮추는 방안
  - 주주에게 배당
  - 감가상각, 미수채권, 불용재고의 처분
  - 고평가된 부동산의 재평가

- 순자산 중 부동산 보유비율의 조정
  - 부동산 과다보유법인(부동산 임대)의 경우 총자산 중 보유비율을 조정하는 것만으로 주식가치가 하락하는 효과를 볼 수 있습니다.
  - 부동산 임대 목적의 건물을 개인소유로 소유하고 있으면 이를 법인사업자로 전환하여 주식을 이동하는 것이 바람직합니다.

후계자와 함께하는 기업의 영속계획

경영자에게 코치가 필요하다!

후계자가 결정되면, 물려주는 사람과 다음 세대를 책임져야 할 사람의 관계가 조화로워야 가업승계가 원만히 진행될 수 있습니다.

어렵게 기업을 창업하여 무에서 유를 창조하고, 불철주야 노력하여 안 되는 것을 되게 만들어온 중소기업 오너경영자의 눈에 후계자인 자식이 마음에 들기란 쉽지 않습니다. 고액과외와 해외유학 등으로 길러진 '금수저'세대에게 '흙수저'로 나서 자수성가한 창업세대와 같은 생각과 마음가짐을 가지라는 것은 과도한 욕심입니다. 아버지와 다른 환경에서 자라 다른 생각, 다른 특성을 가진 후계자 스스로 체득할 수 있도록 책임을 부여하여 부딪혀보는 기회를 제공함으로써 어려움을 스스로 헤쳐 나갈 수 있는 역량을 키워주어야 합니다.

훌륭한 경영자로 키우기 위해서는 창업자 본인의 경영노하우를 아낌없이 전수하여야 하는데, 아버지인 사장이 후계자인 자식을 직접 가르치기란 쉽지 않은 일입니다. '가르치는 사람은 바르게 하라고 가르치는데, 그대로 실행하지 않으면 자연스럽게 노여움이 생기게 되고, 그렇게 되면 부모 자식 간에 마음이 상하게 됩니다.' 아버지가 직접 후계자를 가르치면 자칫 감정을 다쳐 원하는 목적을 달성하지 못할 가능성이 있으므로, 전문교육기관(MBA)을 활용하거나, 타 기업 근무 경험(Cross-Training Program)을 갖게 하는 등 후계자를 체계적으로 가르칠 수 있는 교육시스템을 이용하기도 합니다.

평생에 걸쳐 이룩한 사업을 후계자에게 승계하여, 후계자의 새로운 리더십으로 사업을 영속하기 위해서는 새로운 관점의 성찰이 필요합니다. 가족기업은 '가족'과 '기업' 이슈를 분리하기 쉽지 않아 '사장'과 '후계자'의 관계뿐 아니라, 어릴 적부터 형성되어왔던 '아버지'와 '자식'의 관계가 복합적으로 작용하게 되어 아버지와 자식의 소통이 원활하지 않을 수도 있습니다.

포스트 코로나 시대 모든 분야에서 변화의 폭이 커지고 속도가 빨라지고 있어 기존의 방식으로는 변화를 극복하기 어렵다는 사실을 잘 알고 있습니다. 새로운 시각과 영감이 필요한 시점입니다. 구글의 전 회장 에릭 슈미트는 "내가 들은 인생 최고의 조언은 '코치를 고용하라'였다"라고 합니다. 최고경영자 대부분은 '내가 이 분야의 최고인데 누가 나를 코칭한다는 말이냐'라는 인식을 갖고 있습니다. 코칭을 받는다는 것은 가르침을 받는 게 아니라 새로운 관점을 얻을 '생각 파트너'를 두는 것입니다. 가업승계과정에서 맞닥뜨리게 될 가족과 경영상의 제반 도전과제를 극복하기 위해서 코치를 모셔서 최고경영자와 후계자를 위한 경영자 코칭(Executive Coaching)을 하는 것이 바람직합니다. 어려움에 직면한 기업을 변화시키기 위해서 최고경영자를 비롯한 조직의 리더는 사업의 전략, 시스템, 구조 그리고 성과관리와 관련된 전략적 리더십과 구성원들 간의 신뢰관계를 구축하고 구성원들의 잠재력과 몰입을 끌어낼 수 있는 코칭 리더십이 필요

합니다. 가족기업의 경우 가족 내 역학 관계, 비가족구성원과의 관계, 가족과 기업 이슈의 복잡성 등 상황별 맞춤 접근이 가능하다는 점에서 적극 고려해볼 만한 대안의 하나입니다.

성공적인 가업승계를 위해 코치를 두십시오!

경영이념의 정립과 전략경영계획

경영자가 바뀌어도 기업이 길을 잃지 않고 한 방향으로 나아가려면 확고한 경영철학이 정립되어야 합니다. 승계는 물려받는 것이 아니라 제2의 창업이나, 다른 기업을 M&A한다는 생각으로 접근하여야 합니다. 승계를 위해서는 창업자의 정신과 경영철학을 후계자가 이어받을 수 있도록, 기업의 공유된 가치관을 정립하고 전략경영계획을 수립하는 등 기업을 영속할 수 있는 토대를 마련하여 전 임직원과 그것을 공유하는 것이 필요합니다. 후계자가 정해지면, 재편될 기업의 질서에 대해 함께 고민하되 철저하게 후계자 중심으로 조직을 혁신하고 기업의 구조개편을 실행할 사람이 계획을 입안하고 주도하게 하여야 합니다.

사사(社史)의 제작

기업이 영속하기 위해서는 과거를 돌이켜 볼 필요가 있습니다. 기업의 연혁과 사업에 대한 이해, 국내외의 경제사정 등 어려움을 극복하고 성장, 발전한 이유, 오늘이 있게 한 고객, 협력회사 및 임직원의 열정 등 회사의 역사를 '사사(社史)' 형태로 정리해보는 것도 좋습니다. 창업자가 사업을 시작한 계기, 사업 초창기 가족의 사업에 대한 몰입과 헌신에 대한 이야기, IMF 금융위기, 노사문제 등 힘든 시기와 이를 극복한 사연, 도움을 준 사람들과 임직원에 대한 이야기, 그 과정에서 터득한 지혜 등을 정리할 수 있습니다. 가업을 이어가기 위해서는 창업자의 인생이야기, 사업에 임한 생각과 마음을 물려받아야 하며, 이러한 기업가정신을 이어받는 것이 미래 회사를 이어갈 수 있는 굳건한 기초가 됩니다.

전문작가를 섭외하여 '사사(社史)'를 제작하거나, 오랜 임직원들로부터 회사 초창기부터의 사진을 모아 이야기와 함께 화보집으로 만들 수도 있고, 후계자로 하여금 창업자의 지인들과 만날 기회를 만들어 창업자와의 인연, 회사에 대한 공통된 기억, 회사가 영속하기 위한 조건 등에 대해 대담하게 하고 그것을 정리한 이야기를 기초로 사사를 만들 수도 있습니다. 가족기업의 역사를 살펴봄으로써 사업을 시작한 창업자의 독특한 정체성을 높이 새기고 창업 당시 임직원들의 정신적 유산을 기억시키기도 하며, 새롭게 가족이 된 사람과 임직원들을 교육시키는 데도 매우 좋은 방안이 될 수 있습니다. 기업의 역사를 정리하는 것이 사업의 승계를 위한 첫 번째 과정입니다.

가치관경영체계의 구축

기업이 장기적으로 성장 발전하려면 기업의 존재 이유가 있어야 합니다. 고객, 종업원 및 사회에 어떤 가치를 제공할 것인지 그 이유가 명확해야 합니다. 경영자의 경영철학과 가치관을 바탕으로 핵심가치를 규정하고, 회사를

운영하는 데 기준이 되는 기업의 경영철학이나 가치체계를 정립하며 이를 임직원과 공유하여 적극적으로 실천하는 기업문화를 만드는 것을 가치관 경영이라 하는데, 전 임직원들의 공유된 가치관은 기업이 영속하는 원동력이 됩니다.

1. 회사의 사훈을 적어보십시오.

2. 기업의 존재 이유와 기업의 목적은 무엇입니까?

3. 기업을 운영함에 있어 반드시 지켜야 할 핵심가치에 대해 적어보십시오.

4. 고객이 왜 우리 제품과 서비스를 구매하고, 고객과의 관계가 유지되는 이유는 무엇입니까?

5. 우리 회사의 사업은 직원들에게 어떤 의미 있는 가치를 제공하고 있습니까?

....
....
....

6. 회사의 이해관계자(지역사회, 협력회사 및 주주 등)에게 어떤 가치를 제공하고 있습니까?

....
....
....

전략경영계획

전략경영계획은 사업의 방향을 기업목적과 일치시키며 임직원들을 기업목적 달성에 집중할 수 있게 합니다. 새로운 기회를 탐색하고, 가능성을 평가하며, 문제를 해결하는 방법을 임직원과 함께 고민함으로써 기업가치를 증대하고 성과를 창출할 수 있는 것입니다. 치열한 경쟁 속에서 기업이 생존하고 성공하기 위해서는 자부심을 가지고 일하는 임직원들의 적극적인 지원이 필수적입니다. 전략경영계획은 임직원들의 열정과 에너지를 이끌어낼 수 있는 훌륭한 도구이기도 합니다.

전략경영계획은 다음의 단계를 거쳐 만들게 됩니다.

[표-6] 전략경영계획의 단계

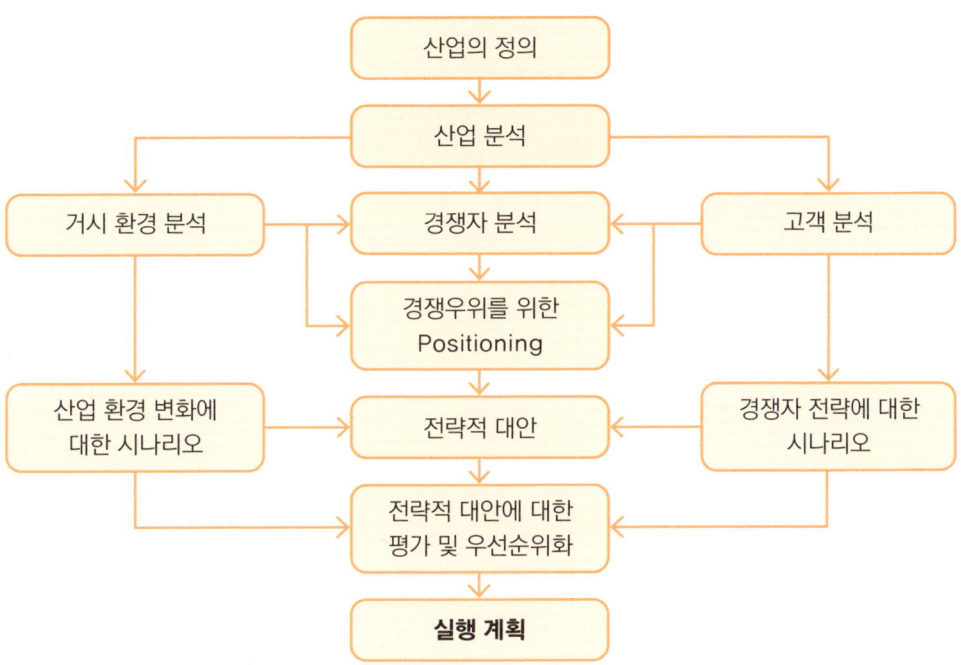

① 역사: 미래 기업의 경쟁력에 영향을 미치는 과거의 중요한 사건과 이에 대한 자료를 수집하여 기업의 역사를 파악한다.
② 현황에 대한 전략적 분석
   A. 기업이 경쟁하고 있는 시장이 미래에 영향을 미치는 요소와 시장의 특성
   B. 경쟁환경-기업이 속해 있는 사업부문의 경쟁자 파악, 목표로 하고 있는 고객군 분석과 시장점유율
   C. 포지셔닝-기업의 강점과 약점의 파악, 기업이 직면한 위협과 기회를 분석할 뿐 아니라 기업의 내부역량과 자원을 고려함으로써 경쟁에 이기기 위한 방안을 고민할 기초
③ 조직: 사훈을 포함한 기업의 목적과 가치가 기업전반에 어떻게 작동하고 있는지를 검토하고, 기업을 효율적으로 운영하기 위한 조직구조에 대해 생각한다.

④ 미래의 전략적 대안 분석: 발생할 수 있는 사건을 파악하고 각 사건에 대한 시나리오와 이에 대응하는 방안을 검토하고, 어떻게 효과적으로 경쟁할 것인지에 대한 대안을 간결하게 정리한다.
⑤ 재무적 타당성: 경쟁전략의 이행으로 얻게 되는 기대수익에 대해 고려한다.
⑥ 위험 감소 방안: 경쟁 전략 실행에 있어 발생가능한 위험요인을 분석하고 위험을 감소시킬 방안을 파악한다.
⑦ 실행계획과 이행: 수립된 경쟁전략이 기업의 각 부문 및 업무 Process에 미치는 영향을 분석하고, 필요한 변화를 이끌어내기 위한 실행방안을 수립하여 이행한다.

기업의 전략경영계획을 수립해보고, 수립한 전략경영계획의 실행가능성에 대해 평가해보십시오.

차세대 경영을 위한 조직혁신

사람이 전부다

기업 경쟁력의 근원과 기업의 가치는 기업의 미래 이익창출능력에 있습니다. 기업의 가치를 이루는 동인은 영업권으로 불리는 무형자산에 있는데, 이런 무형자산을 창출하기 위해서는 기업을 경영하는 리더십, 임직원, 그리고 리더십을 발휘하여 쌓아온 리더와 임직원의 관계가 매우 중요합니다. 즉, 사업의 영속을 가능하게 하는 지배구조의 확립과 그 결과 형성되는 다음을 포함한 기업문화에 있습니다.

- 경영진의 리더십
- 사업을 하는 목적과 비전
- 임직원의 전향적인 태도
- 핵심역량을 인식하고 배양
- 임직원의 신뢰와 헌신을 이끌어내는 경영진의 참여

잘 훈련된 임직원과 이런 임직원을 양성하고 고용유지를 가능하게 하는 기업의 시스템이 기업가치를 결정하는 중요한 요소이므로, 오늘이 있게 한 임직원의 기여를 인정하고, 그들의 고용을 유지할 책임을 생각하는 따뜻한 마음이 필요합니다.

후계자는 창업자의 인재 제일 정책을 임직원들이 느낄 수 있도록 임직원의 역량개발, 교육훈련뿐 아니라 직원의 복리후생을 강화할 수 있는 여러 가지 대안을 검토하여 시행하여야 합니다.

조직구조의 개편과 Task Force Team의 구성

회사의 조직을 진단하여, 후계자가 자연스럽게 조직을 장악할 수 있도록, 사업본부 조직이나 연구개발 등 미래에 무게중심을 둘 수 있도록 조직구조를 개편할 필요가 있습니다.

먼저, 기업별로 후계자를 포함한 가족구성원, 친인척 등 승계와 직간접적으로 관계가 있는 사람에 대하여 분석해봅니다. 회사의 주요 임직원과 회사의 거래처 또는 협력회사 등 이해관계자 각각의 현재 이해관계와 기대하는 미래의 역할에 대해 적어봅시다.

성명(생년)[1]	관계	현재 역할	이해관계 및 관심사[2] (개인적/사업상)	제안할 역할과 승계대책[3]	비고

[1] 직계가족뿐 아니라 회사와 관계된 친인척, 창업공신을 비롯한 회사의 주요임직원, 거래처 및 협력회사 등 사업승계와 직간접적으로 이해관계가 있는 사람을 망라한다.
[2] 승계의 진행과정과 결과에 따른 각자의 이해득실을 파악한다.
[3] 바람직한 승계결과를 도출하기 위해 본인에게 제안할 역할과 대책에 대해 적어본다.

조직에 대한 이해를 마치고 나면, 기업경영의 중요 Project에 대한 Task Force Team(TFT)을 구성하고 미래인재를 참여시켜 기업경영을 혁신할 기회를 가질 수 있습니다. 기업 이념 정립을 위한 '가치관경영', 법인의 운영을 Digital화하기 위한 'Digital Transformation', 기업의 차세대 리더 육성을 위한 '청년 중역(Junior Board)회의' 등의 TFT팀을 구성하여 후계자로 하여금 주도하게 하고, 교육훈련과 혁신활동을 통해 기업의 미래를 이끌어갈 핵심역량을 키워야 합니다.
창업자 중심의 고령화된 조직에서 벗어나 후계자를 지원할 수 있는 젊은 임직원이 조직의 책임자로 등장할 수 있는 여건을 조성하는 것입니다.

경영진의 개편

후계자로의 권한 이양과정에 주요 임직원에 대한 업무분석과 경영진단을 실시하는 것도 좋습니다. 외부 전문가의 시각을 빌려와서 현재 상황을 진단하고 바람직한 조직 상태와의 차이에 대한 개선권고안을 받아들여 후계자 중심으로 기존 질서를 재편해서 조직을 탈바꿈하는 과정이 필요하며, 후계자가 대표이사가 될 시점에 현재 회사의 경영진을 언제, 어떻게 재편할지에 대한 계획을 수립하여야 합니다.

새로운 시대에 걸맞게 기업의 가장 중요한 자산인 인적자원의 적절한 배치, 역량개발과 노력에 상응하는 보상구조의 개선, TFT팀 조직 및 경영진 개편 등 조직혁신을 위해 해야 할 일에 대해 적어봅시다.

기업가치 증대에 필요한
핵심동인의 파악과 투자

세대를 이은 재산 축적을 가능하게 하려면 우선, 재산의 상당부분을 구성하는 기업의 가치를 제고하는 기반을 강화하여야 합니다. 후계자인 자식은 사업을 물려받아 본인이 기업을 경영하더라도, 현재보다 나은 경쟁력을 확보할 수 있고, 미래에 이익을 창출할 수 있다는 자신이 있어야 기꺼이 아버지 사업을 물려받으려 할 것입니다. 사업을 인수할 사람 역시 기업의 이익이 미래에도 지속 가능하다는 확신의 정도에 따라 기꺼이 지불할 가격을 정하게 됩니다. 미래에도 기업의 매출과 이익이 가능할지에 대한 확실성이 높아지면, 위험이 줄어들게 되며, 그 결과 기업가치는 증대됩니다. 그러므로 현재 기업이익을 증대하는 노력 뿐 아니라 미래에도 이러한 이익창출이 가능하다는 여러 증거를 보여주어야 하는데, 아래 질문에 답할 수 있어야 합니다.

- 기업의 제품과 서비스가 다른 회사의 그것과 어떤 차별적 경쟁력이 있는가?
- 기업의 가치를 결정하는 동인(Driver)에 대해 이해하고 있는가?
- 이런 동인(Driver)은 제3자에게 쉽게 설명할 수 있는 식별가능한 무형자산인가?
- 기업이 보유하고 있는 무형자산이 미래에도 지속가능할 수 있다고 후계자 또는 잠재적인 인수자에게 설명할 수 있는가?

- 우리 회사의 임직원이 이런 무형자산의 형성에 집중하고 있으며, 무형자산의 창출이 기업성과에 중요하다는 것을 인지하고 있는가?
- 영속적인 사업을 가능하게 하는 경영진 및 지배구조가 어떻게 구축되어 있는가?

귀하가 지배하는 기업의 가치는 직관적으로 얼마나 된다고 생각합니까?

세법에서 정하는 방법으로 기업가치를 평가하면 얼마나 됩니까?

미래현금흐름을 할인한 방법으로 기업가치를 산정하면 얼마나 됩니까?

기업가치를 이루는 동인이 될 수 있는 영업권과 무형자산은 다음과 같습니다.

- 대리점, 기술제휴, 프랜차이즈 등의 계약관계
- 물품공급 협력업체(Vendor) 등록
- 저작권, 상표권 및 Brand
- 고객의 충성도(Online & Offline)
- 디자인, Apps 등 지적자산
- 데이터베이스와 소프트웨어 등
- Data와 정보
- 특허권 및 Know-How

- 거래처, Network, 지역사회와의 포럼(Online & Offline)
- 인터넷이나 SNS 등의 디지털자산(회원수, 방문자수)
- 사업장의 위치와 입지

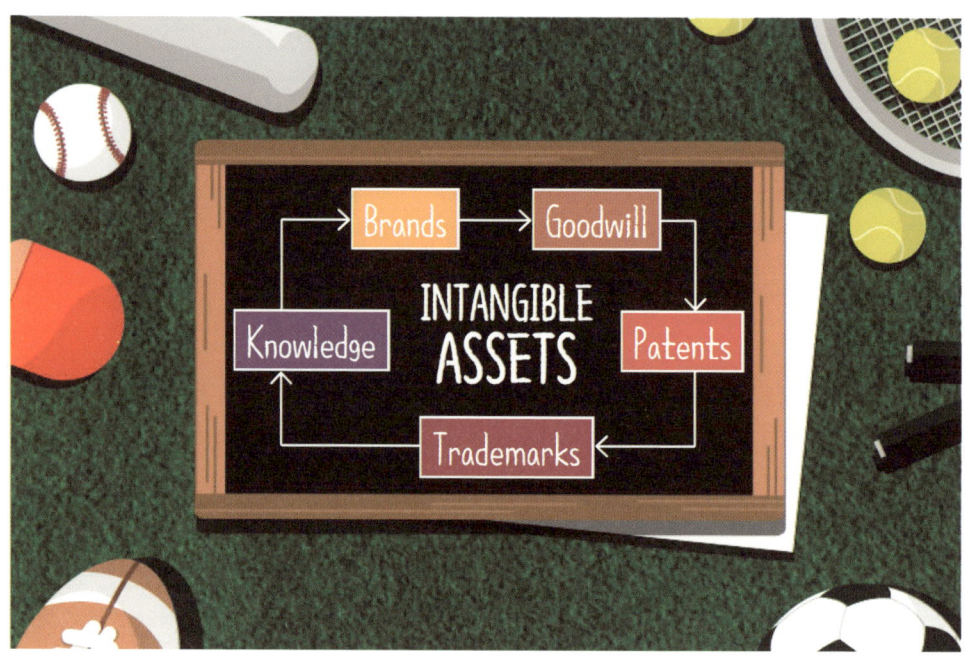

자산승계계획의 관점에서 내가 보유한 재산과 기업의 가치를 결정하는 핵심동인을 다른 기업과 비교하여 차별적 경쟁력이 있는 것은 무엇인지 적어보고, 이를 강화할 수 있는 투자 방안에 대해 적어봅시다.

Contingency Plan
(비상경영계획)

　　　　　　　　　　　　의도하지 않게 갑자기 상속이 발생할 수 있습니다. 기업은 망망대해를 헤쳐 나가는 배와 같습니다. 한시라도 선장이 없으면 배는 좌초하게 됩니다. 일어나지 않았지만 충분히 일어날 수 있는 돌발사태에 대비한 비상경영계획(Contingency Plan)을 수립할 필요가 있습니다. 화재가 발생하여 공장이 모두 불타 없어질 경우를 대비해 정상적인 기업운영이 가능하도록 상황에 따른 위기대처법, 비상연락망 등의 업무매뉴얼을 만드는 것과 유사합니다.

갑작스럽게 들이닥치게 되는 위기에 대비해 Plan B를 만드는 것이 썩 내키지 않는 일이나, 기업을 경영함에 있어서는 수많은 의사결정을 수시로 하여야 하므로, 기업의 영속을 원한다면 내가 수행하는 일, 책임, 권한과 역할을 정리하고 내가 없을 경우에도 원활하게 대체할 수 있는 행동지침서를 준비하는 것이 꼭 필요합니다. 상속 개시 후 6개월 이내에 기업의 대주주 결정을 포함한 재산의 분할에 대한 협의가 되어야 하므로, 상속이 발생하자마자 기업경영과 관련해서 신속하게 대처하고 결정해야 할 일들을 나열하고, 각각의 일들은 누가 의사결정해야 할지를 정해놓는 것입니다.

- 새로운 대표이사의 선임
- 이사와 감사의 선임
- 주요 경영진의 보직이동
- 관련된 이사회와 주주총회 개최에 관한 사항(상법 규정에 대한 이해가 필요함)
- 지배 주주의 결정
- 회사의 영속경영을 위한 회사문제에 가족 간 이견이 있을 경우, 가족의 총의를 모아 의결하는 것이 필요한 사항과 의사결정 방법 및 의사결정권자의 지정

갑작스럽게 상속이 개시될 경우의 비상경영대책을 적어봅시다.

....
....
....
....
....
....
....
....
....

Contingency Plan을 개발하였다면, 배우자를 포함한 가족뿐 아니라 경영진들과 공유하여 만약의 사태가 발생했을 경우 즉각적으로 대응할 수 있도록 하여야 하며, 정기적으로 이런 Contingency Plan을 수정 보완할 필요가 있습니다.

다음 장으로 넘어가기 전에, 아래 사항을 고려하였는지 확인하여 Tick Mark 하십시오.

사업의 영속을 위한 가업승계 방식(가족 증여, 임직원 또는 제3자 매각)을 결정하였는지요?	☐
후계자를 결정하고 본인이 소유한 주식을 이동하는 방식(상속, 증여, 양도 등)에 대해 검토하였는지요?	☐
세법상 주식평가액을 산정하는 방식을 이해하고, 세법상 주식가치를 인하하는 방안에 대해 전문가의 자문을 받았는지요?	☐
후계자와 함께 사업을 영속할 수 있는 계획을 수립하였는지요?	☐
본인과 후계경영자를 위한 코치 초빙을 고려하였는지요?	☐
기업의 경영이념 정립과 전략경영계획을 수립하였는지요?	☐
차세대 경영을 위한 조직혁신 계획을 수립하였는지요?	☐
기업가치를 이루는 핵심동인을 파악하고, 이를 강화할 수 있는 투자방안과 전략을 개발하였는지요?	☐
우발 상황에 대비한 Contingency Plan(비상경영계획)을 수립하였는지요?	☐

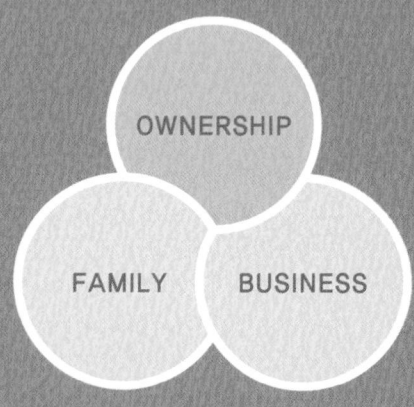

5장

재산과 기업의 소유권

세대를 이은 재산의 축적이 가능하기 위해서는 재산을 유지하고 축적해나가는 주체인 다음 세대가 이를 가능하게 하는 생각과 정신을 가져야 하는데, 재산의 소유권을 다음 세대에게 승계하는 논의는 건강한 가족관계를 지탱하고 가족을 단합시킬 수 있는 '접착제' 같은 역할을 할 수 있습니다.

이 장에서는 귀하가 축적한 재산의 목록을 파악하고, 승계에 따른 조세부담을 최소화하는 절세방안을 살펴봅니다. 어떤 재산을 누구에게 사전증여와 가업승계를 통해 이전할 것인지, 재산의 배분원칙과 재산을 배분함에 있어 평등과 공평의 개념 차이에 대해 생각해봅니다. 또한, 본인 소유 재산과 주식을 한 명 이상이 공유하는 방식으로 이동할 경우 본인과 후계자 및 자녀들 간에 재산의 소유와 운영에 관한 합의서 작성, 가장 창조적인 재산관리도구인 신탁설계 그리고 유언장에 대해 검토함으로써 가족구성원 간의 분쟁을 예방하는 튼튼한 소유권 보존체계를 수립할 방안에 대해 살펴봅니다.

원칙 6. 자산승계 계획은 가능한 한 빨리 시작하라

자산의 증여와 가업승계를 원만하게 완료한 분들이 공통적으로 말하는 충고는 가능한 한 빨리 자산승계를 계획하고, 후계자가 자산의 승계와 축적에 필요한 만큼의 자금출처를 확보할 수 있도록 자산을 증여하라는 것입니다.

자산의 증여와 승계의 목적이 세대를 이은 재산의 축적에 있으므로 귀하의 To Do List에 자산승계계획의 수립이 있어야 합니다. 그러나 대부분 창업자는 은퇴하기 수 년 전에야 비로소 승계를 생각하는데 이는 너무 늦은 결정일 수 있습니다.

자식들에게 재산을 운용하고, 기업을 경영할 수 있는 기회를 주어야 합니다. 현재의 재산과 기업을 있게 한 귀하의 성공은 '작은 성공'으로부터 얻은 경험 및 성취감과 수많은 '실패'들로 배운 것입니다. 위험을 헤쳐 나가는 능력을 자식들 스스로가 가질 수 있도록 기회를 주어야 합니다. 자식들이 설령 실패하더라도, 부모의 에너지가 충분할 때 해야 깊은 수렁 속으로 빠져들지 않게 할 수 있습니다.

자산의 이동과 절세계획

최근 실시한 중소기업중앙회의 설문조사에 의하면, 막대한 조세부담 우려가 가업승계과정 중 가장 큰 어려움이라고 합니다. 과세당국은 부자증세를 위해, 국세통합시스템(TIS)이라는 전산프로그램을 대대적으로 보완하여 개인별 자산 및 세금을 체계적으로 관리하고 있으며, 개인사업자 및 고소득자, 전문직 종사자 등을 대상으로 지출은 많은데 소득이 적은 이유에 대하여 명확한 자금출처의 소명을 요구할 수 있는 소득지출분석시스템(PCI)을 구축하여 과세를 강화하고 있습니다.

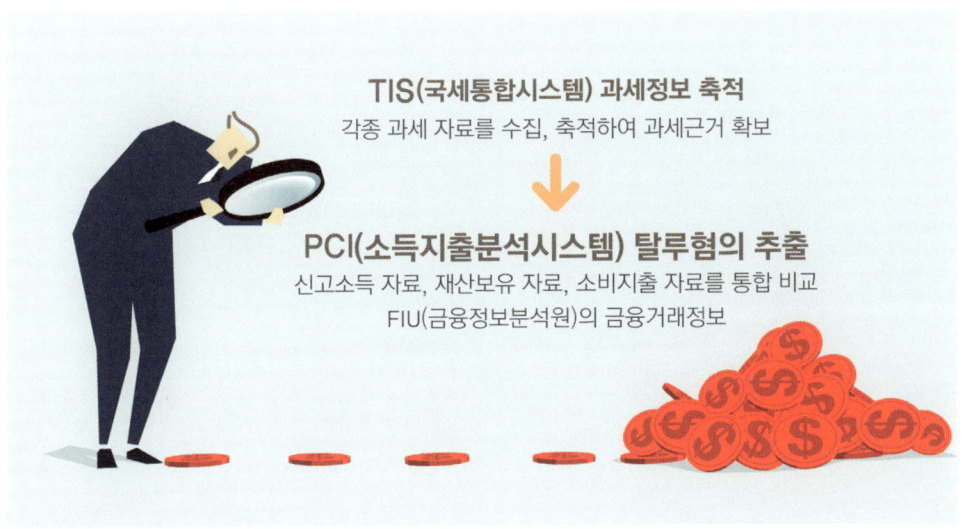

자산승계에 따른 조세부담을 최소화하기 위해서는, 세법의 관련 규정, 과세당국의 세정방향에 대한 이해를 바탕으로, 여러 가지 대안을 분석하고 검토하는 등 상당기간 미리 계획하여야 합니다.

자산의 이동(상속, 증여, 양도)을 계획 중이라면 특정 세목의 절세효과뿐 아니라 다른 세목의 절세효과와 재원마련 등 제반 상황을 종합적으로 고려하여 자산이동 방식과 시기, 분할 방법, 세대생략 여부 등을 결정하도록 합니다.

상속세

상속세의 계산구조는 다음과 같습니다.

[표-7] 상속세 계산구조

총상속재산가액	• 상속재산가액 : 국내외 소재 모든 재산, 상속개시일 현재의 시가로 평가 　○ 본래의 상속재산(사망 또는 유증·사인증여로 취득한 재산) 　　상속재산으로 보는 보험금·신탁재산·퇴직금 등 • 상속재산에 가산하는 추정상속재산
(-)	
비과세 및 과세가액 불산입액	• 비과세 재산 : 국가·지방자치단체에 유증한 재산, 금양임야, 문화재 등 • 과세가액 불산입 : 공익법인 등에 출연한 재산 등
(-)	
공과금·장례비용 ·채무	
(+)	
사전증여재산	• 피상속인이 상속개시일 전 10년(5년) 이내에 상속인(상속인이 아닌 자)에게 증여한 재산가액 • 단, 증여세 특례세율 적용 대상인 창업자금, 가업승계주식 등은 기한 없이 합산
=	
상속세 과세가액	
-	
상속공제	• 아래 공제의 합계 중 공제적용 종합한도 내 금액만 공제가능 　(기초공제 + 그 밖의 인적공제)와 일괄공제(5억) 중 큰 금액 　○ 가업·영농상속공제　　　○ 재해손실공제 　○ 배우자공제　　　　　　○ 동거주택 상속공제 　○ 금융재산 상속공제
(-)	
감정평가수수료	
=	
상속세 과세표준	
(×)	
세율	과세표준 | 1억원 이하 | 5억원 이하 | 10억원 이하 | 30억원 이하 | 30억원 초과 세율 | 10% | 20% | 30% | 40% | 50% 누진공제액 | 없음 | 1천만원 | 6천만원 | 1억 6천만원 | 4억 6천만원
=	
상속세 산출세액	(상속세 과세표준 × 세율) - 누진공제액
(+)	
세대생략할증세액	• 상속인이나 수유자가 피상속인의 자녀가 아닌 직계비속이면 30% 할증(단, 미성년자가 20억원을 초과하여 상속받는 경우에는 40% 할증) • 직계비속의 사망으로 최근친 직계비속에 해당하는 경우는 적용 제외
(-)	
세액공제	• 문화재자료 징수유예, 증여세액공제, 단기재상속세액공제, 신고세액공제
(+)	
신고불성실·납부지연 가산세 등	
(-)	
분납·연부연납·물납	
=	
자진납부할 상속세액	

증여세

자녀 증여의 절세효과를 높이려면 증여는 빠르면 빠를수록 좋습니다.

A. 증여합산제도

증여일의 10년 이내에 같은 사람(부모는 동일인으로 봄)으로부터 받은 증여재산가액(1천만 원 이상인 경우)을 합산하여 증여세를 과세하므로 이를 활용하여 10년마다 증여하는 것이 좋습니다. 예를 들어, 자녀가 태어나면 즉시 2천만 원을, 11세가 되면 추가로 2천만 원을, 21세가 되면 5천만 원을 증여하는 경우 증여세를 부담하지 않고 자녀에게 자금을 이전할 수 있는데, 그 자금을 투자에 활용한다면 복리효과 등으로 자녀에게 상당한 재원을 마련해줄 수 있습니다.

B. 쪼개기증여

증여세는 수증인을 기준으로 계산하므로 수증자 수를 늘릴수록 세금은 줄어듭니다. 예를 들어, 부친이 장남에게 10억 원을 증여하는 경우보다, 장남 5억 원, 며느리 5억 원씩 증여하면 약 55백만 원의 세금을 줄일 수 있습니다. 더 나아가 장남의 자녀 2명을 포함해서 장남, 며느리, 손자, 손녀 각각 2.5억 원씩 증여한다면 약 77백만 원이 절세가 됩니다. 수증자 수를 늘리면 늘릴수록 증여세가 절세되는 효과를 보여줍니다.

(단위: 천 원)

구분	장남단독(A)	장남, 며느리 각각 1/2씩(B)	장남, 며느리, 손자, 손녀 각각 1/4씩(C)
증여세	218,250	162,960	141,620
절세효과(A-B)		55,290	
절세효과(A-C)			76,630

C. 세대생략증여

세대를 건너뛰어 손자녀에게 직접 증여할 경우 산출세액에 30%(미성년자이면서 20억 원 초과 시 40%)의 세대생략 할증이 적용됩니다. 이러한 할증을 고려하더라도 세대생략 증여가 자녀에게 증여 후 다시 그 자녀에게 증여하는 경우에 비하여 절세 효과가 높습니다. 또한, 손자녀에 증여한 재산은 상속세 계산 시 10년이 아닌 5년 이내의 증여 자산만 상속 재산가액에 합산되기 때문에 절세 전략으로 적극 활용할 필요가 있습니다.

D. 부담부증여

수증자에게 담보채무나 전세보증금 등 일정한 채무를 부담시키는 조건으로 증여하는 부담부증여의 경우 채무액에 해당하는 부분은 양도소득세 과세대상이 됩니다. 재산이 증여재산공제 내의 금액이라면 부담부증여가 불리할 수도 있지만, 증여재산공제보다 크다면 일정한 수준의 채무는 세부담을 감소시킬 수 있습니다. 증여재산가액, 다주택여부 등에 따른 양도소득세와 증여세 효과와 추후 상속 시 상속세에 미치는 영향까지 종합적으로 고려해서 부담부증여를 할 것인지 여부를 선택하여야 합니다.

실생활에서는 부모와 자녀 간 금전거래, 부동산 무상사용, 증여세 대납 등도 증여에 해당될 수 있으므로 조심하여야 합니다. 증여를 실행하는 경우 증여자의 건강상태에 따른 10년 이내 상속 개시 가능성, 향후 양도계획 등을 종합적으로 고려하도록 합니다.

자금출처조사

국세청은 재산을 취득하거나 채무를 상환하는 등 자금의 원천이 직업, 연령, 소득, 재산 상태 등으로 봤을 때 본인의 자금능력에 의한 것이라고 인정하기 어려우면 자금출처를 조사하고, 특별한 직업이나 재산이 없는 사람이 자금출처에 관한 입증을 하지 못하는 경우 부모 등 재산이 있는 자로부터 증여받은 것으로 추정하여 과세합니다.

다만, 재산취득일 전 또는 채무상환일 전 10년 이내에 주택과 기타재산의 취득가액 및 채무상환금액이 각각 아래 표의 기준에 미달하는 경우에는 증여 추정 규정을 적용하지 않습니다.

[표-8] 재산취득자금 등의 증여추정 배제기준

구분	취득재산		채무상환	총액한도
	주택	기타재산		
30세 미만	5천만 원	5천만 원	5천만 원	1억 원
30세 이상	1.5억 원	5천만 원	5천만 원	2억 원
40세 이상	3억 원	1억 원	5천만 원	4억 원

세법상 재산 평가기준과 시기를 활용한 절세

A. 꼬마빌딩에 대한 감정평가 가액을 기초로 한 과세

최근 재산평가의 예외로서 평가기간 경과 후 법정결정기한까지의 매매, 감정가액 등을 시가로 볼 수 있게 되면서, 꼬마빌딩 등의 상속·증여 시 기준시가를 기초로 신고한 경우, 신고 이후 과세관청이 감정평가를 통해 상속·증여세를 부과하는 사례가 늘고 있습니다. 과세관청은 시가와의 차이가 크고 고가인 부동산을 중심으로 감정평가를 실시한다고 밝혔지만 구체적인 기준을 공개하지 않아 납세자의 예측가능성을 침해하고 있습니다. 이렇게 과세관청은 감정평가대상이 되는 부동산의 종류를 확대하거나 비상장주식 평가 시 법인이 보유한 부동산에까지 적용할 가능성이 있으므로 증여를 고려하고 있는 경우 빠른 실행이 필요할 수 있습니다.

B. 부동산별 기준시가 고시시점을 감안한 증여

앞서 살펴본 대로 자산을 이동(양도, 상속, 증여)할 경우 시가가 없으면 세법에 정하는 보충적 평가방법에 의한 평가액을 기준으로 세금을 부과합니다. 요즘처럼 부동산

가격이 상승하는 경우에는, 자산별로 아래와 같이 세법상 가격을 고시하는 시점(토지는 5월 말, 주택은 4월 말, 오피스텔 및 상업용 건물은 12월 말) 이전에 증여하면 낮은 가액으로 증여세를 절감할 수 있습니다.

[표-9] 부동산별 기준시가 고시시점

구분	평가가액	대상	고시시점
토지	개별공시지가	토지	표준지: 2월 말 개별지: 5월 말
주택	공동주택가격	공동주택(아파트, 연립, 다세대)	4월 말
	개별주택가격	단독주택(다가구 포함)	표준주택: 1월 말 개별주택: 4월 말
오피스텔 및 상업용 건물	기준시가	오피스텔: 전체 상가: 대형상가	12월 말
기타건물	기준시가	상가주택, 오피스텔, 상업용 건물 외 모든 건물	12월 말

가업상속공제 제도의 활용

기업 경영자들이 가업승계의 최대 걸림돌로 생각하는 것이 세금일 정도로 가업승계 시에는 막대한 세금이 발생합니다. 정부에서는 가업으로 인정받은 중소기업에 대해 상속세 부담을 경감시켜주고 있으므로 가업상속공제를 적용받는 승계를 하고 싶다면 아래 사항을 미리 준비하여야 합니다.

- 가업상속공제 혜택을 받을 수 있는 사전요건을 갖추고 있는가? 혜택을 받기 위해서는 어떤 노력을 하여야 하는가?
- 가업상속공제 혜택에서 배제되는 자산은 무엇이고, 혜택을 적용받는 자산으로 만들기 위해서는 어떻게 하여야 하는가?

- 가업상속공제를 적용받기 위한 사후요건과 이를 충족하기 위해서는 어떻게 하여야 하는가?
- 가업상속공제를 하지 않겠다고 하면, 후계자에게 어떻게 지분을 이동할 것인가?

가업상속공제는 다음과 같이 정리할 수 있습니다.

[표-10] 가업상속공제*

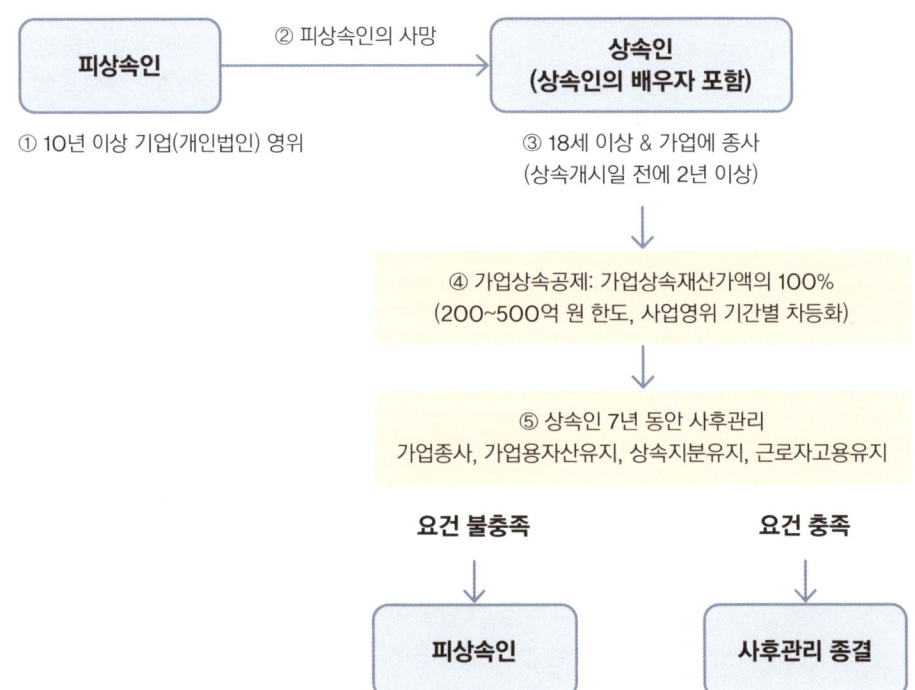

* 가업: 피상속인이 10년 이상 계속하여 중소기업 또는 중견기업을 동일업종으로 유지 경영한 기업
  중소기업: 조세특례제한법상의 중소기업(단, 영농은 제외)
  중견기업: 3년 평균 매출액 4,000억 원 미만인 기업으로, 상호출자제한기업 집단에 해당하지 않는 기업

증여세 과세 특례규정의 활용

가업승계를 지원하기 위하여 정부가 마련한 가업승계에 대한 증여세과세특례, 창업자금에 대한 증여세과세특례제도를 활용하여 10년 이상의 장기적인 계획을 준비하는 것이 좋습니다.

A. 가업승계에 대한 증여세과세특례
가업상속공제와는 달리 생전에 자녀에게 가업을 계획적으로 사전 상속하여 가업의 영속성을 유지할 수 있도록 지원하는 제도도 있습니다.

[표-11] 증여세과세특례

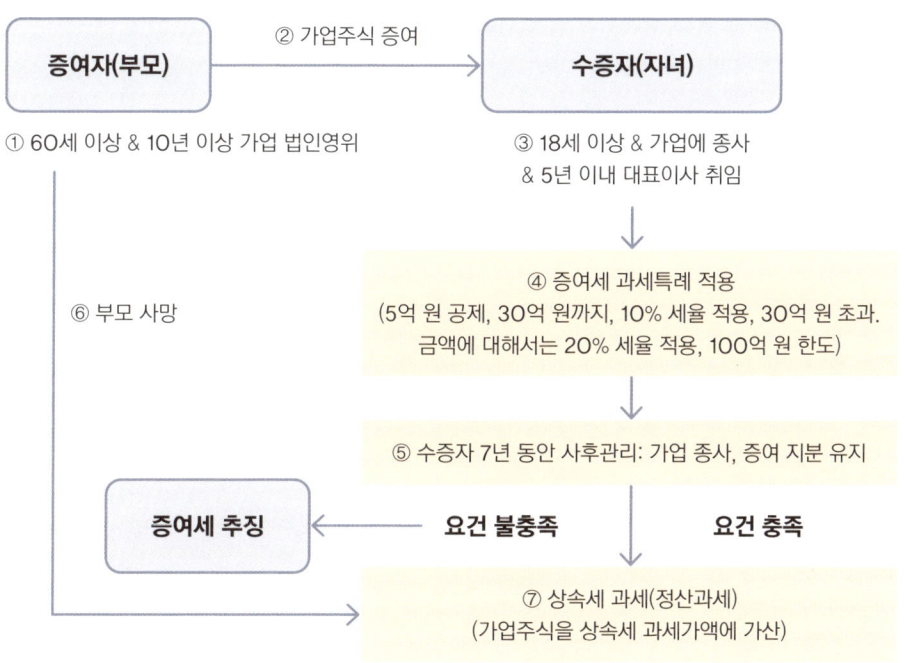

- 수증자 요건

    - 나이 요건: 18세 이상의 자녀 또는 그 배우자(60세 이상의 부모)

    - 재직 요건: 증여받은 달의 말일로부터 3개월 이내에 가업에 종사

    - 대표자 요건: 증여일로부터 5년 이내에 대표이사 등에 취임

- 지원내용

    - 특례대상 증여재산 가액: 증여하는 주식가액 × (1-업무무관자산/총자산가액)

    - 증여세 과세가액에서 5억 원을 공제 후 30억 원까지는 10%의 세율, 30억 원 초과금액에 대해서는 20%의 세율로 과세하는 특례(100억 원 한도)

예를 들어 20여 년간 중소기업을 경영한 65세의 경영자가 총 주식가치 200억 원인 기업의 주식 중 절반인 100억 원을 30세의 아들에게 증여했다고 가정해보면, 일반 증여일 경우 증여세는 43.8억 원이 되는 데 반해, 과세특례를 적용하면 16억 원으로 낮아져 27.8억 원의 세금을 늦게 납부하는 효과가 있습니다. 증여받은 이후 회사의 주식가치가 증가된 부분에 대해서는 전혀 세금을 납부하지 않지만, 회사의 주식가치가 낮아지면 불리한 결과가 됩니다.

[표-12] 일반 증여와 증여세과세특례 증여세 비교

일반증여		항목	증여세과세특례	
			30억 원 이하분	30억 원 초과분
100억 원		증여재산가액	35억 원	65억 원
0.5억 원	-	일괄공제	5억 원	-
99.5억 원	=	증여세과세표준	30억 원	65억 원
50%	×	증여세율	10%	20%
45.15억 원	=	산출세액	3억 원	13억 원
1.35억 원	-	신고세액공제	없음	
43.8억 원	=	세액	3억 원	13억 원
43.8억 원		총 납부세액	16억 원	

증여세과세특례가 적용된 주식은 다른 증여재산가액과는 합산하지 않으나, 상속이 개시되는 경우에는 증여기한에 관계없이 상속세 과세가액에 가산합니다. 가업승계 특례를 적용받은 이후 상속이 개시되는 경우에도 가업상속공제도 적용받을 수 있습니다. 가업상속공제와 마찬가지로 수증자와 증여자에 대한 요건, 사업무관자산의 제외 및 사후관리 등의 규정이 있고 후술하는 창업자금에 대한 증여세과세특례와는 중복 적용할 수 없는 점에 유의하여야 합니다.

B. 창업자금에 대한 증여세과세특례
창업이나 사업확장을 목적으로 필요한 자금(부동산 등 양도소득세 과세대상이 되는 자산은 제외)을 자녀 등에게 증여할 경우 증여세 과세가액(30억 원 한도)에서 5억 원을 공제한 후 10% 세율을 적용해 증여세를 계산합니다. 창업을 통해 10명 이상을 신규 고용할 경우 최저세율적용한도가 50억 원까지 늘어나고, 상속이 개시되는 경우 증여기한에 관계없이 상속세 과세가액에 가산됩니다. 특례 적용을 받을 수 있는 업종에 제한이 있고, 증여일로부터 2년 이내에 창업하여야 하며 4년 이내에 본래 목적에 모두 사용하여야 하는 등 사후관리 요건이 있으므로 이를 준수할 수 있도록 사전검토와 지속적인 관리가 필요합니다.

가령 60세 부모가 25세 자녀에게 창업자금으로 20억 원을 증여했다고 가정해보면, 일반증여의 경우 6억 원의 증여세를 납부하여야 하지만, 창업자금 특례를 받아 증여하면 1억 5천만 원을 납부하게 되어 4억 5천만 원의 세금을 늦게 납부하는 효과가 있습니다(표-13). 창업자금을 증여받은 자녀가 사업의 가치를 크게 증가시키면 증가한 자산에 대해서는 세금을 납부할 의무가 전혀 없습니다.

[표-13] 일반 증여와 창업자금증여특례 증여세 비교

일반증여		항목	증여세과세특례
20억 원		증여재산가액	20억 원
0.5억 원	-	증여공제	5억 원
19.5억 원	=	증여세과세표	15억 원
40%	×	증여세율	10%
6.2억 원	=	산출세액	1.5억 원
0.2억 원	-	신고세액공제 3%	-
6.0억 원		납부세액	1.5억 원

지금까지 자산승계와 관련한 절세방안을 검토하였습니다. 구체적으로 세무전문가의 자문을 받고자 하는 사항과 궁금한 것이 무엇이 있는지 적어보십시오.

....
....
....
....
....
....

원칙 7. 평등한 것이 공평한 것은 아니다

자식들에게 재산을 배분하고 기업의 소유권을 이전하고자 하면, 가족구성원들로부터 자산의 배분이 공평(올바름의 관점에서 평등함)하였는지에 대한 도전과 불평이 항상 있기 마련입니다. 증여와 승계를 고려하는 대부분의 가족이 같은 문제에 직면하게 되는데, 다음 세대가 분쟁 없이 재산을 물려받아 증식하고, 기업을 성장시키기 위해서는 공정한 절차를 거친 공평한 배분이 반드시 고려되어야 합니다.

"어떻게 하는 것이 공평한 것인가?" 또한 "어떻게 하면 가족의 화합을 이룰 수 있나?"

누구에게나 차별 없이 균등하게 똑같은 질과 양을 나누어 주면 평등하다고 합니다. 그러나 자식들은 부모와 나눈 감정과 정서가 다르고, 살아온 환경, 나이, 학력, 경험과 능력이 제각각 다릅니다. 또한, 부모에 대한 부양의무의 이행, 재산을 축적하는 데 기여한 노력 등을 고려하면, 우리나라 민법에서 정하는 것처럼 재산을 균등하게 나누어 준다면 평등할 수는 있으나 이를 공평하게 나누었다고 할 수는 없습니다.

평등　　　　　　　　　　　공평

가족구성원 각각이 처한 환경, 나이, 경험과 능력 등 과거의 특성뿐 아니라 현재 상황, 그리고 미래에 예상되는 위험과 각각의 기여에 합당하게 배분하는 것을 공평하게 배분했다고 합니다. 본인이 생각하는 재산의 배분은 절차가 공정해야만 의사결정에 대해 이해관계자들이 동의하지 않더라도 수긍할 수 있습니다.

분쟁의 예방과 소유권 보존체계의 수립

　　　　　　　　　　　소유권은 특권이 아니고 책임을 의미합니다. 물려받은 재산을 '선물'로 여기고, 잘 키우고 가꾸는 것이 '임무'라고 생각하여야 합니다. 물려받은 것을 유지하는 차원을 넘어 재산을 증가시키고, 사업을 확장하고, 시대의 변화에 적응하기 위해서는 탄탄한 소유권 보존체계를 수립하여야 합니다.

법정상속과 협의분할(민법 1009조)
동순위의 상속인이 수인이면 상속분은 균분한다. 배우자는 5할을 가산한다. 유언이 없으면 상속인간의 재산분할은 협의에 의한다.

유류분권(민법 1112 – 1117조)
민법은 고인의 명의로 소유한 재산이라 하더라도 일생을 살아가면서 가족 전체의 협력으로 축적한 것이므로 자의에 의한 재산처분에 일정한 제한을 두어 유언에 불구하고 최소한도로 법정상속분의 1/2에 상당한 금액에 대해 상속받을 권리가 있다.

특별수익과 유류분 반환의무(민법 1008조)
특별수익이란 결혼자금이나 사업자금 등 고인으로부터 생전증여 또는 유증으로 받은 이익을 말한다. 특별수익은 상속재산에 가산하게 되는데, 이때 특별수익을 받은 자의 상속재산이 법정상속분을 초과하여 다른 사람의 유류분을 침해할 경우가 발생한다. 이 경우 많게 받은 사람은 초과금액을 반환할 의무가 있으며, 적게 받았다고 생각한 사람은 유류분이 있다고 주장할 수 있다.

계획과 준비 없이 상속이 개시될 경우, 가족의 화합을 해치는 가장 전형적인 갈등과 분쟁은 상속재산 협의분할의 방식과 유류분권에 관한 분쟁입니다.

유언 없이 상속이 개시되면, 민법에 따라 자식들에게 균등 배분하게 됩니다. 그러나 부모 부양 및 재산형성에 일조하였다는 '기여분'에 대한 인식차이로 상속개시 전에 자녀들은 '상속에 대한 기대권'을 갖게 되므로 남은 사람들이 협의하여 상속재산을 분할하기 쉽지 않습니다. 더욱이, 상속세 조사과정에 노출되는 사전에 증여받은 '특별수익'이 많아 본인의 권리(유류분권)를 해친다는 생각이 들면, 상속재산을 더 많이 분할받으려는 마음과 오랜 기간 누적된 감정의 문제가 개입되어 가족들 간에 상속재산 분할소송이 진행됨으로써 가족의 해체로 이어질 가능성도 있습니다.

분쟁을 예방하고 가족의 화합을 다지기 위해서는 후손들의 재산 유지를 견고하게 하는 소유권 보존체계를 수립하여야 합니다. 가족들에게 재산을 차등배분하기로 마음을 먹었을 경우 차등배분을 하게 된 취지를 '절차의 공정성'을 유지하여 잘 설명하고, 유언장을 작성하거나 신탁구조를 만들면, 분쟁을 예방할 수 있습니다.

공유재산의 소유와 운영

재산으로 인한 가족 간의 분쟁을 예방하기 위해서는 한 개의 물건(재산)에 대해 한 명의 소유권자를 정하는 것이 바람직합니다. 부득이하게 한 개의 물건(재산)을 여러 명이 함께 공유(共有) 형태로 소유하는 경우, 공유지분의 양도절차, 양도가액의 평가와 결정방식, 유동성확보 방안, 공유관계의 종료, 의견이 다를 경우의 의결권과 의사결정방식 등을 기재한 '공유재산의 소유와 운영에 관한 협약'을 체결하거나, 대규모 수선, 건축물의 용도변경, 매각 등에 대해서는 부동산 공유자의 동의 없이 재산의 관리와 처분권을 가진 사람을 지정하는 등 사전에 문서화(신탁계약의 작성)할 필요가 있습니다.

가족기업 지분의 승계와 주주 간 합의서

가족기업의 주식을 물려주는 것은 다른 재산과 달리, 주주를 결정하는 일이므로 더 많은 배려가 필요합니다. 가족기업의 Owner인 주주가 되게 하는 것은 재산적 가치를 나누어 주는 것뿐 아니라 본인의 성장에 대한 기회와 가족구성원으로서의 안정감을 제공하는 것입니다.

먼저, 현재의 주주명부를 검토하여 승계에 방해가 될 수 있는 타인지분을 정리할 필요가 있습니다. 실질주주가 아닌, 명의신탁 형태의 주주가 있는 경우에는 명의를 환원하거나, 지분 양수도, 감자 등의 형태로 주주에서 제외할 수 있는 방안을 강구하여야 합니다.

가업승계를 위해서는 아버지가 보유하고 있는 주식을 후계자에게 이전하여야 하는데, 세금을 최소화하기 위해 아래와 같은 방법을 고려할 수 있습니다.

- 후계자가 아버지의 주식을 매입, 증여, 상속받는다.
- 후계자가 지배하는 법인 또는 관계회사가 아버지의 주식을 매입, 증여, 상속받는다.
- 자기주식을 취득(회사가 아버지 주식을 매입)한다.

- 우리사주조합 또는 비영리법인에 아버지가 보유한 회사 주식을 증여한다.
- 후계자가 아닌 후계자의 형제자매 및 배우자가 아버지 주식을 매입, 증여, 상속 받는다.

또한, 창업자가 관계하는 사업의 개편과 지배구조를 개선하기 위해 개인기업의 법인전환, 관련기업의 수직계열화 또는 기업의 분할과 합병, 그리고 여러 회사를 지배하는 지주회사 설립 등 세금을 최소화할 수 있는 방안을 검토합니다. 변화하는 환경에 맞도록 사업을 재편하고, 지배구조를 탄탄하게 하는 법적구조를 만들어 각 회사에 대한 경영자와 주주를 결정할 수도 있습니다.

경영 후계자뿐 아니라 다른 친척이나 경영에 참여하지 않는 자식에게도 회사의 주식을 물려주거나, 가족이 분화하여 2-3代에 걸쳐 주주가 있으면 주주 간의 관계 정립, 기업에 대한 가족의 비전 수립, 소유권에 대한 논쟁과 갈등의 해결구조를 명확히 하는 것이 필요합니다.

주주는 의결권을 행사하여 기업을 지배하므로 기업의 주주를 누구로 할 것인가를 정하기 전에 CEO와 기존 주주 및 미래 주주들 간에 다음 내용을 포함하는 '주주 간 합의서'를 문서화하는 것이 바람직합니다.

주주 간 합의서

- 가족의 가치와 목표에 부합하는 주주 자격의 정의
  - 주주의 책임, 역할과 의무
  - 미래 기업의 주주는 어떻게 구성하겠습니까?
  - 후계자에게 모두 물려줄 것인지 아니면, 후계자가 아니면서 기업에 근무하는 자녀, 기업에 근무하지 않는 자녀, 손자녀, 직계 후손으로만 제한할 것입니까?
  - 배우자와 자식의 배우자를 포함할 것입니까?
  - 회사의 임직원을 포함할 것입니까?

- 개인적인 사정으로 주식을 매각하고 싶은 주주가 있을 경우 유동성 확보방안
    - 가족 간의 주식이동 절차와 방식
    - 가족이 아닌 제3자의 주식매입을 가능하게 할지의 여부
    - 가족 주주가 소유하고 있는 주식의 회사 매입방법

- 주식의 양도 양수 가격과 대금의 지급에 관한 사항
    - 주식의 양도제한 규정 여부
    - 합리적인 기업가치 평가방법
    - 주식 양도대금의 지급 조건

- 의결권
    - 회사는 몇 가지 종류의 주식발행을 고려할 필요가 있습니까?
    - 보통주와 우선주 및 의결권주와 무의결권주의 발행
    - 보통결의와 특별결의 요건
    - 주식 양도대금의 지급 조건

- 투자자로서의 주주에 대한 정보의 제공
    - 회사의 재무정보와 사업보고서 제공
    - 사업목표, 성장률, 이익률
    - 이익 배당정책

- 공동소유 시 투자금의 정산
    - 이익분배 비율과 이익분배 방식
    - 이익분배의 우선순위

- 기타
    - 계약의 종료와 그에 따른 권한과 책임
    - 비밀유지 조항
    - 경업금지 조항
    - 분쟁발생 시의 분쟁해결 구조

신탁설계

신탁계약을 통해 유산상속계획을 세울 수 있는데, 살아 있는 동안 위탁자 자신이 수익을 추구하고, 사망한 뒤에는 위탁자의 계획대로 미리 정해둔 수익자에게 상속의 집행 및 신탁의 수익을 지급하는 유언대용신탁*을 설정할 수 있습니다.

신탁은 재산의 소유권을 신뢰할 수 있는 수탁자에게 맡겨두고 원하는 대로 재산을 관리하는 도구로서 유언장과 동일한 효력을 지니며, 사후 재산관리방법을 구체적으로 지정하고, 의사결정 능력이 없을 경우 성년후견인을 지정하여 내 의사를 대신해서 재산을 관리 집행하게 할 수 있어 매우 유용한 제도입니다. 수탁자는 위탁자가 지정한 수익자를 위하여 신탁계약에 정한 바에 따라 신탁재산에 대한 관리 처분권한을 행사하는 법률관계를 형성합니다.

---

* 유언대용신탁: 유언과 같은 법률효과를 가지는 것으로 생전에 재산관리를 하고, 사후 상속재산 및 관리를 주요 목적으로 한다. 위탁자 생전에는 언제든지 신탁계약을 중도에 전부해지 또는 일부해지할 수 있고, 사후수익자나 사후수익권을 자유롭게 변경할 수 있다.

[표-14] 신탁의 기본 구조

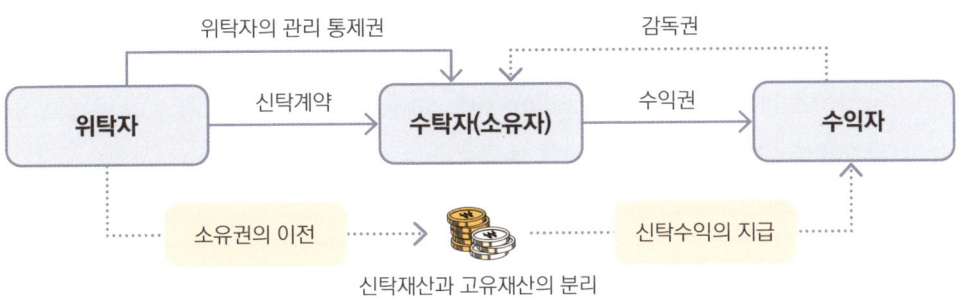

신탁은 법인처럼 세무 및 법률 측면에서 또 다른 법적실체(Entity)인데, 자산승계에 있어 법인보다 더 유연하며, 합법적인 절세와 더 빠른 자산 증식을 위한 구조화를 하기에 좋습니다. 특히, 가족의 화목, 배우자와 자녀의 생활보장, 잠재적인 채권자들로부터의 가족 자산 보호, 후견인 지정, 장애가족에 대한 보장과 가업승계 등 자산승계계획에 다양하게 활용할 수 있어 가장 창조적인 재산관리도구라고 합니다.

다음과 같은 상황이 걱정되어 대비하고자 하면 자산승계계획을 수립할 때 신탁의 활용을 적극적으로 검토하십시오.

- 살아생전에는 부동산에 대한 임대수익을 내가 갖고, 내가 사망하면 재혼한 처가 임대수익을 받을 권리를 갖게 하며, 재혼한 처가 사망하면 전처의 자식들에게 수익권을 갖게 하고 싶은데 가능할까? (유언대용신탁)
- 수익형 부동산 등을 공유지분 형태로 자녀들에게 증여하면 증여세는 절감할 수 있지만, 자녀들이 경제적 관념이 제대로 세워져 있지 않을 경우 공유지분을 매각하거나 담보로 대출을 받고, 심지어 압류 등 다양한 문제가 발생할 위험이 있는데 이를 예방할 수 있는 방법은 없을까? (증여계약과 신탁계약)
- 서울에 살고 있는 두 아들과 미국에 살고 있는 딸(미국 사람과 결혼하여 아들이 있음)에게 부동산의 공유지분을 가지게 할 경우, 미국의 딸이 암에 걸려 있

어 의사결정을 위한 연락이 어려울 수 있으므로 딸의 동의 없이 장남의 판단으로 부동산의 관리와 처분을 할 수 있도록 하려는데 가능할까? (종합재산신탁)

- 내가 소유하고 있는 상가 건물에 대해 신탁을 설정하고, 임대수익에 대한 수익권을 1차로 배우자에게, 2차로 아들에게, 아들이 사망하면, 상가의 소유권과 임대수익을 받을 권리를 손자에게 물려주고 싶은데 가능할까? (수익자연속신탁)

- 우리나라의 경우 이혼율이 30%를 넘는 현실을 감안하면 자녀들의 이혼과 재혼, 사망 등의 변수에 대처하고, 법적으로 가족관계가 형성되는 사위나 며느리가 아니라 혈통인 자녀, 손자녀들에게만 자산이 이전되게 하고 싶은데 방법은 없을까? (혈통신탁)

- 자식들이 욕심이 많아 상속재산에 대한 분쟁이 치열할 거 같은데, 내가 건강할 때 생각하는 대로 재산을 쓰고 물려줄지를 설계한 후, 나이가 더 들어 재산관리 능력이 부족한 상황에서는 재산의 관리를 대신해줄 믿을 만한 사람을 후견인으로 지정함으로써 자녀들에게 분쟁 없이 재산을 물려주고 싶은데 가능할까? (후견신탁)

- 상속후견인으로 지정된 사람이 일상의 필요한 자금을 초과하여 마음대로 재산을 사용할 위험을 없애고 싶은데 가능할까? (성년후견신탁)

- 아들에게 증여하면, 바라는 대로 재산을 잘 관리할지, 이미 재산을 받았으므로 일에는 관심이 없거나 불효자식이 되는 건 아닌지, 사업실패로 증여재산을 날려버리지는 않을지 등 재산을 증여하는 부모로서 여러 가지 걱정이 있는데 이를 해소할 방법이 있는가? (증여안심신탁)

- 내가 지배하는 상장회사의 소유권은 내가 갖고, 배당받을 권리를 아들이나 손자에게 증여하고 싶은데 가능할까? (이익증여신탁)

- 주식이 가지고 있는 의결권을 지시할 수 있는 권리와 배당을 받을 수 있는 권리를 분리하여 생전에는 내가 의결권지시권과 경제적 권리를 갖고, 사후에는 장남에게 의결권지시권 100%, 경제적 권리 70%를, 장녀에게는 의결권지시권 없이, 경제적 권리의 30%를 부여하되, 10년 이후 장녀의 경제적 권리를 장남이 매수하게 하는 것은 가능할까? (가업승계신탁)

아래는 세계적인 팝스타 마이클잭슨이 상속계획으로 준비해놓은 가족신탁계약서인데 우리 제도와 다소 다르지만 우리나라의 신탁법에서도 대체로 본인이 원하는 대로 상속설계가 가능합니다.

[표-15] 마이클 잭슨의 가족신탁(Jackson Family Trust) 개요

마이클 잭슨	2009.6.25 사망, 어린 자녀 3명, 모 Katherine Jackson → 1995 계약, 2002 변경
Family Trust (Living Trust) 유언대용신탁	수탁자: 생전(본인) 사후: 변호사, 회계사 및 음악감독 → Bank of America
	• 생전: 수익 전부 본인 귀속 • 사후 ① 우선 20% → 어린이 자선단체 기부: 운용위원회(어머니와 공동수탁자) ② 잔존 50% → Katherine Jackson Trust: 수익자(어머니, 어머니 사망 시 자녀 3명에게 1/3 분배) ③ 잔존 50% → Michael Jackson Trust: 자녀 3명에게 1/3 균등 분배
	• Michael Jackson Trust의 수익금 분배조건: 자녀에 대한 신탁 수익 및 원본 ① 20세까지: 공동수탁자의 결정으로 수익 지급 ② 21세 이후 수익금 전부. 단, 공동수탁자의 결정이 있는 경우 원금인출 가능 ③ 30세 생일에 각 배분비율의 1/3, 35세 생일에 나머지의 1/2, 40세 생일에 잔존 신탁원본 전액 지급

유언장의 작성

우리나라는 사후(死後) 상속분쟁에 대비해 유언장을 작성하는 비율이 다른 선진국에 비해 낮은 편입니다. 특히, 중소기업의 창업경영자는 큰 수술을 받거나 담당의사로

부터 암 선고를 받은 경우에도 가까운 미래에 죽음을 맞이할 수도 있다는 생각은 하지 않고 유언장을 작성하지 않은 채, 현재 하고 있는 일을 그대로 수행하거나 심지어 기업의 미래에 관한 일도 주도하는 등 본인이 하는 사업에 몰두하는 경향이 있습니다.

부모 사망 이후 상속재산을 둘러싼 형제·자매간의 법적 분쟁이 해마다 급증하고 있지만, 여전히 국내에선 문화적인 이유로 유언장 작성을 기피하고 있는데, 상속을 둘러싼 자손들의 분쟁을 예방하려면 평소에 본인의 생각을 정리한 유언장을 작성해두는 것이 좋습니다. 본인의 우유부단함은 가족 간의 갈등과 분쟁 그리고 기업의 존립을 흔들리게 할 수 있습니다.

유언장은 반드시 작성되어야 합니다. 앞서 살펴본 대로 '가훈'이나 '가족헌장'을 작성하여 가족들이 가치관을 공유하고, 기업의 'Contingency Plan(비상경영계획)'을 세웠다 하더라도 재산의 소유권자이고 기업의 대주주로서의 힘과 권한이 있을 때 재산의 분배와 기업의 영속을 위한 비상경영계획안을 마련하여 가족들에게 설명하고, 가족 개개인에게 기대하는 바를 명확하게 문서화하여 법적 강제력을 갖도록 하여야 합니다.

유언장을 작성할 때는 꼭 법적 요건을 갖춰야 합니다. 유언장은 '자필증서 유언'과 '공증증서 유언'이 있는데, 유언장 작성 시 비용이 들고 번거롭더라도 공증인인 변호사가 작성하는 '공증증서 유언' 방식이 바람직합니다. 법적으로 무효가 될 위험이 적어 상속개시 후에 혼란이 일어날 가능성이 적기 때문입니다.

또한, 가업상속에 따른 세제혜택을 받기 위해서는 기업의 지분은 후계자에게 집중하는 것이 좋은데, 이는 다른 상속인의 유류분을 침해할 가능성이 있으므로, 주식을 제외한 다른 자산은 후계자가 아닌 다른 가족에게 상속하는 등 법적분쟁이 일어나지 않도록 재산을 배분하는 유언장을 작성할 수 있도록 유념하여야 합니다.

재산의 배분

재산 목록의 작성

귀하의 재산은 수십 년에 걸친 투자의 결과로 축적한 재산과 기업 등 다양한 형태로 이루어져 있습니다. 보유하고 있는 기업뿐 아니라 부동산 등의 자산도 모두 파악해 둘 필요가 있습니다. 귀하가 통제권을 가지고 있는 자산(부동산, 주식, 신탁, 금융재산 등)과 부채의 목록을 작성해봅시다.

[표-16] 금융재산 명세

(단위: 백만 원)

금융자산명	금융자산 종류	시가에 기초한 가치[1]	세법상의 가치[2]	매년 현금유입액 (세전)	기타

[1] 시가에 기초한 재산과 기업가치에 귀하가 소유한 지분율을 곱하여 산정
[2] 세법상 평가한 가치에 귀하가 소유한 지분율을 곱하여 산정

[표-17] 보유 부동산의 명세

(단위: 백만 원)

부동산 소재지 및 개요[1]	면적 및 주요 사항[2]	소유권/지분율[3]	시가에 기초한 가치[4]	세법상의 가치[5]	매년 현금 유입액(세전)	기타

1 부동산 소재지 및 개요
2 부동산 면적 및 주요 사항
3 귀하가 소유하는 지분율
4 시가에 기초한 가치에 귀하가 소유한 지분율을 곱하여 산정
5 세법상 평가한 가치에 귀하가 소유한 지분율을 곱하여 산정

[표-18] 기타자산 명세

(단위: 백만 원)

자산명	자산 종류	시가에 기초한 가치	세법상의 가치	매년 현금유입액(세전)	기타

기업의 지배구조 및 통제권과 관련한 표와 사업의 종류 및 기업가치에 대한 표를 작성해봅시다.

[표-19] 기업지배구조 및 통제권 명세

회사/신탁명[1]	이사 및 중요 임원[2]	주주 및 수익자[3]	사업의 개요[4]	기타[5]

1 본인이 관여하여 통제하고 있는 기업과 보유하고 있는 신탁이나 자산의 법적 실체
2 각 법적실체의 대표이사, 이사 및 중요 임원진명
3 중요주주 및 신탁의 수익자
4 기업이 수행하는 사업의 내용
5 기타-상호보증, 담보 등

재산의 배분원칙

세대를 이은 재산의 축적과 가족의 화합이 가능하도록 재산을 배분하기 위해서는 누구에게 얼마만큼의 가치가 있는 재산을 언제 배분할지를 결정하여야 합니다. 앞서 작성한 귀하의 재산목록은 재산배분에 필요한 큰 그림을 제공하며, 공정한 재산의 배분을 위해서는 재산배분의 원칙을 정리하는 것이 필요합니다.

가족구성원 각각의 현재 상태, 미래에 기대하는 위험과 기여에 기초하여 어떻게 하는 것이 절차적으로 공정하고 무엇이 공평한 것인지에 대한 원칙을 세우는 것이 중요합니다. 재산은 누구든 많이 가지고 싶고, 남의 것이 더 크게 보이는 것이 자연스러운 현상이므로 가족의 화합을 지키기 위해서는 본인이 합당하다고 생각하는 자산배분 원칙을 정하고, 결정 배경을 설명하는 등 배분과정에 참여하게 함으로써 가족구성원이 수용할 수 있도록 하여야 합니다.

합당한 배분원칙을 정하기 위해서 아래의 질문에 답해보도록 합시다.

- 재산과 지분을 배분하는 원칙으로 우리나라 민법에서 정하는 대로 균등하게 배분되기를 원하는가?
  - 귀하가 보유한 전체재산의 가치는 얼마나 되며, 가족 개개인의 몫은 각각 얼마정도씩 배분되기를 원하는가?
- 자식에게 어떤 형태로 재산을 물려주려는가? (회사의 주식, 현금과 예금, 부동산, 신탁재산의 수익자)
- 승계의 시기와 방법
  - 언제 소유권을 이전할 것인가?
- 기업에 근무하며 적극 참여하는 자식들에게만 기업의 주식을 물려줄 것인가?
  - 만약 그렇게 생각한다면, 기업에 참여하지 않는 자식들에게 어느 재산을 얼마나 공정/공평하게 배부할 것인가?
- 누가 어떤 재산/지분을 소유하게 할 것인가?
  - 손자들에게는 어떻게 할 것인가?
  - 유증*을 고려하는가?
  - 신탁을 설정하는 것이 좋을까?

---

* 아무런 대가도 없이 유언(遺言)에 의하여 재산의 전부 또는 일부를 주는 행위

- 물려줄 재산을 자녀들이 공동소유*하기를 원하는가?
- 본인과 배우자가 여생 동안 어떻게 재무적으로 독립성을 유지할 것인가? 필요한 자금의 총액과 연간 필요한 자금규모는 어느 정도 생각하는가? 이런 자금의 원천은 어디에서 확보할 생각인가?

1. 귀하가 생각하는 재산/지분의 배분원칙을 적어보십시오.

배분원칙(예)

1. 모든 자식들이 균등한 재산/지분을 가진다. vs 균등한 배분이 공정한 배분은 아니다.
2. 자식들의 배우자에게는 재산/지분을 물려주지 않는다.
3. 기업을 경영할 후계자 vs 다른 자식들에게 생전에 지분의 30%를 넘기고, 나머지는 나의 사후에 기업의 소유권을 넘긴다.
4. 기업의 지배구조는 굳건해야 하고, 이를 문서화하여 유언장이나 가족헌장에 반영한다.
5. 배우자에게 충분한 재산/지분을 넘긴다.

---

* 재산을 공동 소유하게 하면 다양한 가족분쟁의 씨앗이 되므로 재산을 공유하게 하려면 공유자산의 소유와 운영에 관한 협약의 작성 등 굳건한 지배구조의 확립이 필요하다.

2. 재산/지분을 누구에게 어떻게 배분할지를 적어보십시오.

앞서 작성한 재산목록을 기초로 재산의 배분원칙을 지키면서 가족구성원 각각에게 어떻게 배분할 것인지 개략적인 생각을 적어보십시오.

재산명 종류	재산이동 시기 및 이전방법	비고
아파트	배우자에게 상속	주거
빌딩A	1년 내 첫째 둘째에게 각 1/4씩 증여, 10년 후 재건축	
상가a	배우자와 자녀에게 상속	노후자금 활용
상가b	둘째에게 증여	
아파트	둘째에게 부담부증여	
가업A	첫째를 후계자로 함. 가업 증여 특례 적용하여 3년 내 50% 증여, 나머지는 상속	
가업B	첫째에게 100% 증여(특례배제)	
현금성자산	손주에게 1억 원씩 증여, 나머지는 상속	노후자금 활용 후 상속
연금형태의 자산		노후자금 활용

재산명 종류	재산이동 시기 및 이전방법	비고

배분에 대한 개략적인 생각(예)

1. 개략적인 총재산 100억 원(가업의 주식가치 50억 원, 부동산 30억 원, 금융자산 20억 원)
2. 장남은 기업의 후계자로 주식일부 증여 나머지는 가업상속
3. 장녀에게는 부동산 1/2 증여
4. 회원권과 금융자산은 내 명의로 소유하다 상속

3. 공정한 절차를 거친 공평한 배부인지 검토해보십시오.

개략적으로 배분한 결과가 승계의 기본목표(가족구성원 각각의 성장, 가족 일원으로서의 자부심 그리고 가족의 화합을 도모하면서 세대를 이은 재산의 축적이 가능하게 하는 것)를 충족하는 공평한 배분인지요?

....
....
....
....
....
....
....
....
....
....
....
....
....
....
....
....
....
....

내가 보유하는 재산이 얼마나 어떤 형태로 구성되어 있고, 이를 다음 세대에게 어떻게 이전할지를 다음 세대와 공유하는 것은 복잡한 일입니다. 올바른 의사결정을 위해 시간을 가지고, 가족들과 의논도 하고, 필요하면 전문가의 조언을 구하십시오.

다음 장으로 넘어가기 전에, 아래 사항을 고려하였는지 확인하여 *Tick Mark* 하십시오.

보유하고 있는 재산의 목록을 작성하였는지요?	☐
본인이 소유하는 법적실체(신탁과 기업 등)에 대한 소유권 관련 자료를 수집하였는지요?	☐
주주명부를 기초로 가업을 승계하기 위한 주식의 이전방안에 대해 검토하였는지요?	☐
재산의 배분에 있어 평등과 공평의 개념에 대해 이해하였는지요?	☐

재산의 배분을 어떻게 할지에 대한 대강의 생각을 적어보았는지요?
  - 재산의 배분원칙
  - 자녀 개개인에 대한 재산의 배분
  - 특정 자산에 대한 소유권자의 결정
  - 본인과 배우자의 은퇴 후 필요한 자금의 확보
	☐

잠정적인 재산배분계획에 대해 배우자와 협의하였는지요?	☐
향후 가족의 지지와 분쟁의 예방을 위해 본인이 생각하는 재산배분계획에 대해 가족구성원들에게 충분히 설명하였는지요?	☐
자산의 이동에 따른 세금과 절세방안에 대해 검토하였는지요?	☐

분쟁을 예방할 수 있는 소유권 보존체계를 수립하기 위해서 다음사항을 고려하였는지요?
  - 공유재산의 소유와 운영에 관한 협약
  - 가족기업의 '주주 간 합의서'
  - 신탁설계 등 법률 검토
  - 유언서의 작성
	☐

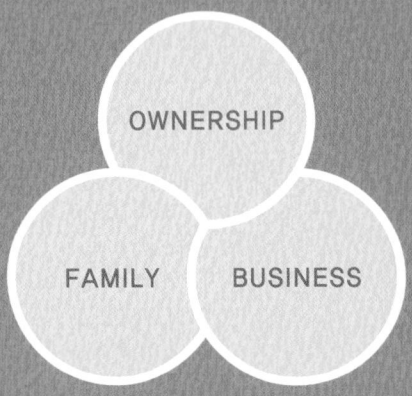

6장

My Plan 결정과 행동

이 장에서는 앞서 설정한 자산승계계획의 목표를 기초로, 지금까지 고민하고 검토한 가족, 기업, 재산 및 소유권 각각 관점에서의 자산승계 목표와 계획, 도전과제 등을 돌이켜 보고, 결정한 것을 실행에 옮길 수 있도록 나만의 자산승계계획을 만들어봅니다.

원칙 8. 전문가와 함께하라

귀하와 배우자, 가족, 기업의 임직원 등 모두가 승계문제를 피하려고만 합니다. 아무도 민감한 문제를 꺼내어 귀하의 마음을 다치게 하고 싶어 하지 않기 때문입니다.

사업을 함께하는 가족의 경우 가업승계절차를 시작할 때부터 역량 있는 전문가를 초빙하여 가업승계의 전 과정을 함께하는 것이 필요합니다. 가업승계계획을 수립하는 과정에 가족구성원, 회사의 임직원 및 기타 이해관계자들과 소통하여야 하는데 이 과정에서 오해와 갈등이 일어나는 경우가 종종 있습니다. 전문가는 귀하가 목표한 바에 도달할 수 있도록, 현 상황과 대안에 대한 명확한 이해를 지원하고, 이해관계자들과의 의사소통을 원활하게 이끌고 갈등을 해결할 수 있는 방안을 제시하여 본인 스스로 최적의 의사결정을 할 수 있는 내면의 힘을 키우게 합니다.

본인이 나서서 승계와 이해관계가 없는 전문가를 모시고, 선정된 전문가와 가업승계계획에 대한 귀하의 생각과 의도, 걱정과 목표에 대해 솔직하게 대화하십시오.

함께 일하기 편안하고, 비밀을 지킬 수 있으며, 계획을 실행할 때에 믿고 맡길 수 있는 전문가가 필요합니다.

전문가의 선택기준

전문가를 선택할 때에 다음과 같은 사항을 고려하십시오.
1. 전문가는 독립적이고 객관성을 갖추어야 합니다.
2. 가족의 역동성을 잘 이해하고, 상속 및 증여과정에 발생할 수 있는 갈등과 분쟁에 대한 충분한 지식과 경험, 그리고 이를 예방하고 해결할 수 있는 노하우를 가지고 있어야 합니다.
3. 세금과 관련해서는 국세청 등 관계 관청에 인맥이 넓으며 세무조사에 대하여 도움을 받을 수 있을 정도로 조사업무에 정통해야 합니다.
4. 전문가는 당신이 위기에 처하거나 어려움에 처할 때 언제든지 달려와 도와줄 수 있는 사람, 믿을 수 있는 사람이어야 합니다.
5. 귀하의 전문가는 가업승계계획을 실행한 이후에도 선대와 차세대의 관심사를 잘 아우르며 지속적인 자문을 제공할 수 있을 만큼은 젊어야 합니다.
6. 일상적인 업무를 취급하는 회계사, 세무사, 변호사가 따로 있다면 가업승계 목적에 맞는 별도의 전문가가 한 명 더 있어도 좋습니다.
7. 전문가를 선정했으면 예를 갖추어 초빙하십시오. 아무리 유능한 전문가라도 귀하가 진심을 다하지 않으면 그냥 평범한 전문가에 지나지 않습니다.

원칙 9. Just Do It

　　　　　　　　생각한 것을 행동에 옮기지 않으면 아무것도 이루어지지 않습니다. 우리는 어떤 일을 할 때, 먼저 생각을 하게 되는데, 대부분의 생각은 순식간에 날아가는 경우가 많습니다. 글로 무언가를 기록한다는 것은 날것의 생각을 정제하고 시간이 지나 어지러운 정보들을 글쓴이의 시각에 따라 정리한 결과입니다. 승계계획을 행동에 옮겨 실행하기 위해서는 생각을 반추하고 적어보아야 가능합니다. 생각을 기록하게 되면, 기록을 바탕으로 생각을 심화시킴으로써 행동에 옮길 수 있습니다. 이제 승계계획을 만들어보는 행동에 옮기십시오. 연필을 들고 지금까지 생각한 나만의 자산승계계획을 적어보십시오.

우리 중 95%는 자기 인생목표를
글로 기록한 적이 없다.
그러나 글로 기록한 적이 있는
5% 중의 95%는
자기목표를 성취했다.

베스트셀러 작가 John C. Maxwell

My Plan

승계는 재산을 나눠 주는 것이나, 법대로 상속하는 것처럼 단순한 문제가 아닙니다. 앞서 살펴본 것처럼, 가족 개개인의 관심과 욕구의 차이, 복잡한 가족관계의 역동성 등을 고려하여 자녀들의 기대를 조정할 필요가 있습니다. 또한, 가족기업을 둘러싼 친인척, 임직원, 거래처 등 다양한 이해관계자들의 승계와 관련한 걱정에 귀 기울이고 도움을 구해야 합니다. 특히, 가업승계 과정에 차기 CEO인 후계자를 주도적으로 참여시켜, 후계자도 원활한 승계를 가능하게 하는 주인공으로서의 자부심을 느낄 수 있도록 하여야 합니다.

이를 위해서 가업의 승계는 공식적으로 추진하는 것이 좋은데, 후계자를 포함한 이해관계자들과 공감대를 형성하면서 아버지의 생각을 정리한 자산승계계획서를 작성하는 것이 바람직합니다. 지금까지 검토한 사실과 정보에 기초하여, 단편적으로 해왔던 의사결정들을 다시 한번 돌이켜 보고, 이를 통합함으로써 자산승계의 목표를 달성하기 위한 자산승계계획의 구체적인 방안을 적어봅시다.

- 나만의 자산승계목표 확인
- 가족, 기업, 재산 및 소유권 관점에서의 현황분석
- 선택가능한 대안과 원하는 결과를 가져올 최선의 방안 선택
- 세금, 자금계획, 신탁 등 법률적 고려 사항의 자문

- 필요한 의사결정의 목록과 실행방안
- 나만의 여정

나만의 자산승계목표 확인

자산승계 과정을 통해 달성하고자 하는 목표를 다시 확인할 필요가 있습니다. 본인이 처한 환경과 생각에 기초해서 이 Workbook을 따라가면서 작성한 가족, 기업, 재산 및 기업의 소유권 측면에서의 자산승계목표와 당초에 생각한 목표(45-46쪽에 기재)를 비교하여 재확인할 필요가 있습니다.

목표	설명	간절한 이유	기대하는 결과
자녀를 후계자로 정하여 대표이사로 선임		치열한 경영환경에서 기업이 경쟁력을 유지하기 위해서는 내가 계속 경영하는 것보다는 새로운 아이디어와 에너지를 가진 사람이 필요하다.	사업이 나아갈 수 있도록 경험과 자질이 있는 새로운 CEO를 3년 이내에 선임한다.

목표	설명	간절한 이유	기대하는 결과

이렇게 확인한 목표가 다음 사항을 고려하였는지 살펴보십시오.

1. 귀하의 목표를 가족구성원을 포함한 이해관계자도 확인하고 동의하였는지요?

2. 수정, 보완 삭제할 사항이 있는지요?

....

....

3. 나만의 목표가 자산승계의 기본목표와 부합되는 것인지요?
- 세대를 이은 재산의 축적이 가능하다고 여겨지는지요?
- 가족구성원 개개인의 성장을 어떻게 도울 것인지 고려하였는지요?
- 가족들을 승계과정에 참여하게 하고, 원활한 승계에 기여했다는 자부심을 가지게 하였는지요?
- 가족의 화목과 단합을 도모할 수 있도록 하였는지요?

4. 가족, 기업, 재산 및 기업의 소유권 관점에서 본인이 기대하는 결과를 검토해보았는지요?
- 가족
- 기업
- 재산과 소유권

5. 위의 결과가 가족구성원 각각에 미치는 영향에 대해 생각해보았는지요?

....

....

6. 제기될 수 있는 장애요인이나 문제는 어떤 것이 있는지요?

....

....

가족, 기업, 재산 및 소유권 관점에서의 현황분석

가족 관점

기업의 후계자를 포함한 가족구성원 각각의 특성과 기대하는 미래의 역할에 대해 적어봅시다.

성명 (생년)	관계	현재 역할 (개인적/사업적)	본인이 하고 싶어 하는 것 (개인적/사업적)	제안할 역할 (개인적/사업적)
김자녀 (1980)	아들	S전자회사원		

1. 자식 개개인의 생각과 삶, 가족관계, 각자의 숨겨진 욕구에 대해 이해하였는지요?

2. 내가 당연하다고 생각하는 것이 자식의 입장에서는 전혀 당연하지 않을 수 있다는 사실을 인지하고 있는지요?

3. 자식과의 소통 스킬이 부족하다는 점을 인정하고 이를 개선하려는 노력을 하는지요? 필요하다면 코치에게 도움을 청하였는지요?

가족이 공유하는 가치관[*]

1. 나의 가치관에 대해 적어봅시다.

   ....
   ....
   ....

2. 우리 가족구성원 개개인의 가치관에 대해 적어봅시다.

   ....
   ....
   ....

3. 가족공동체가 공유하고 있는 가치관에 대해 적어봅시다.

   ....
   ....
   ....

4. 세대를 이어갔으면 하는 가치관에 대해 생각하고 이를 '가훈'이나 '가족헌장'의 형태로 적어봅시다.

   ....
   ....
   ....
   ....
   ....

---

* **가치관**
  나는 왜 사는가? (내가 존재하는 이유는 무엇인가?)
  나의 꿈은 무엇인가? (궁극적으로 어떤 모습이 되고 싶은가?)
  나는 어떻게 살 것인가? (내 삶에서 무엇이 중요한가?)

가치관은 사람을 '물질' 중심에서 '가치' 중심으로 바꿉니다. 가치관이 제대로 정립된 가족은 가족이 일치단결하여 목표에 매진할 수 있으며, 이렇게 형성되고 공유된 가치관은 가장이 없더라도 가족구성원들을 이끄는 북극성 같은 역할을 하게 됩니다.

사업과 기업 관점

본인이 지배하고 있는 기업의 개황에 대해 적어봅시다.

(단위: 백만 원)

회사명/ 법적 형태[1]	시장가치 (직관적인 가치)[2]	미래현금할인법에 의한 기업가치[3]	세법상의 기업가치[4]	대표 이사	중요 임원[5]	주주 및 수익자[6]	사업의 개요[7]	비고[8]

1 본인이 관여하여 통제하고 있는 기업과 보유하고 있는 신탁이나 자산의 법적 실체
2 본인이 직관적으로 생각하는 기업가치
3 미래현금흐름할인법(DCF: Discounted Cash Flow)에 의한 기업가치-사업계획에 기초한 기업의 미래현금흐름을 추정하고, 위험을 고려한 할인율로 할인한 가치
4 세법상의 기업가치
5 각 법적실체의 이사 및 중요 임원진명
6 각 법적실체의 중요주주 및 신탁의 수익자
7 기업이 수행하는 사업의 내용
8 상호보증, 담보 등

사업승계방식의 결정과 후계자의 선정

사업의 영속을 위한 가업승계 방식(가족 증여, 임직원 또는 제3자 매각)과 후계자를 결정하였는지요?

회사명/법적형태	승계방식	후계자	비고
A. 주식회사	가족 증여	첫째 아들	
B. 주식회사	제3자 매각		5년 내 매각
C. 상사/공동사업(개인)	제3자 매각		5년 내 매각
D. 주식회사	임직원 매각		10년 내 매각

주식이동과 자금출처 확보 방안

본인 소유주식을 후계자에게 이동하는 이동방식과 시기, 승계자금 마련을 위한 후계자의 자금출처 확보 방안에 대해 적어봅시다.

[예시]

Stage	이동방식	이동시기	필요자금	자금 마련
1	세법상 주식가치 인하방안 실행	당장		
2	주식 50% 첫째에게 가업승계 증여세 특례를 적용하여 증여	1년 후	증여세 3억 원	1회분 5천만 원 증여 및 연부연납 신청
3	본인/배우자 지분 30% 유상감자(시가)			
4	잔여 지분 첫째에게 증여			
5	둘째에게 창업자금 증여특례를 적용하여 5억 원 증여	당장		증여세 없음

[작성]

Stage	이동방식	이동시기	필요자금	자금 마련

재산 및 소유권 관점

1. 앞서 작성한 재산목록을 기초로 재산의 배분원칙을 지키면서 가족구성원 각각 누구에게 언제, 얼마만큼의 재산을 어떻게 배부할 것인지 적어보십시오.

(단위: 백만 원)

소유권자	자산명/종류	시가에 기초한 가치	세법상의 가치	비고(재산이동시기 및 이전방법)
	합계			
	합계			
	합계			
	총계			

2. 귀하가 생각하는 재산과 지분의 배분원칙을 적어보십시오.

3. 내가 공평하다고 생각하는 배분원칙은 무엇인지, 왜 그렇게 생각하는지, 자녀들이 동의하고 수긍하도록 하기 위해서는 어떻게 해야 하는지, 생각을 정리해서 적어보십시오.

선택가능한 대안과 원하는 결과를 가져올 최선의 방안 선택

자산승계의 완벽한 해법을 찾기는 어렵습니다. 앞서 결정한 사항을 실행함에 있어서, 자산이전의 방법과 시기에 대해 선택가능한 대안을 검토하게 됩니다. 또한 결정한 사항이라도, 배우자와 자녀의 사정에 따라 다른 방안을 찾을 필요가 있을 수 있습니다.

자산승계의 완벽한 해법은 없으므로, 다음을 고려하여 최선의 대안을 선택하여야 합니다.

1. 승계계획 수립의 결과를 적어보십시오.
- 가족 관점

....

....

- 사업과 기업 관점

....

....

- 재산과 소유권 관점

....

....

2. 위의 결과가 가족구성원 각각에 어떻게 영향을 미치는지 적어봅시다.

....

....

....

3. 예상되는 위험과 장애요인에 대해 기재해보십시오.

....

....

....

선택 가능한 대안은 무엇이고, 각 대안별로 장점과 위험요소는 무엇이며 어떤 구체적인 결과를 예상할 수 있는지를 고려한 후 최적의 대안을 선택합니다.

세금, 자금계획, 법률적 고려 사항의 자문

승계계획을 수립하는 과정에 가족관계의 이슈, 사업의 분할과 합병, 매각 등 구조조정, 세금부담과 소요 자금 계획 및 발생가능한 분쟁을 예상할 수 있습니다. 비교적 승계계획이 구체화되는 지금 시점에는 생각하고 있는 대안 각각에 대한 세금효과 및 자금조달 계획, 구조조정 방법과 상법, 상속, 신탁 등의 법률문제에 전문가의 자문을 구할 필요가 있습니다.

승계과정에 궁금한 세금, 사업의 구조조정, 상법, 상속법 및 신탁과 관련하여 전문가와 상의할 목록을 기재해보십시오.

필요한 의사결정의 목록과 실행방안

자산승계목표를 확인하였고, 이를 '어떻게' 달성하겠다는 생각을 정리하고, 세금과 법률 관련 사항도 검토하였으니 이제 준비가 되었습니다. 선택가능한 대안의 검토 결과 최종적으로 확인된 결정도 있고, 어떤 결정은 가족구성원들이 참여하고 동의가 필요할 때까지 충분히 설명할 수 있도록 시간을 두고 조금 더 생각해볼 것이 있습니다. 잠시 시간을 멈추고, 내가 의도하는 대로 승계가 이루어질지에 대해 다시 한번 의사결정 사항과 행동에 옮길 수 있는 실행방안에 대해 확인하여야 합니다. 가족의 화합과 단합을 위해서는 본인과 후계자를 포함한 가족들이 자산승계의 전반적인 과정, 필요한 의사결정 그리고 이행방안에 대해 충분히 이해하는 것이 필요합니다.

가족, 기업 및 소유권 측면에서의 승계 일정과 누가, 어떠한 방법으로 진행할지에 대한 구체적인 실행방안을 적어봅시다. 아래 항목들을 적어보는 것만으로도 귀하가 나아가고자 하는 방향과 왜 그렇게 해야 하는가를 잊지 않는 데 큰 도움이 될 것입니다. 또한, 자산승계의 과정에 관계된 사람들이 기대하는 바를 놓치지 않도록 도와줄 것입니다.

가족	이행방안	책임자	시기/일정
가족회의	승계과정에 대한 설명과 후계자 선정 원칙에 대한 공감		
후계자의 선정과 공표	공정한 절차를 거쳐 후계자를 선정하고, 후계자 선정 배경과 선정된 후계자를 가족과 기업에 대내외 공표	CEO/ 아버지	
가족회의	재산의 배분원칙, 가족의 법률상 상속권리, 평등한 배분과 공평한 배분 개념에 대한 설명과 소통		
가훈과 가족헌장	모든 가족구성원이 승계과정에 참여하고 소통하는 가족회의를 개최하여 가족들이 가치관을 공유하고, 공유된 가치관을 승계할 수 있도록 문서화	후계자 및 가족	
전문가 선임과 승계과정 자문	승계과정에서 각종 대안의 검토와 자문을 위해 전문가를 선임하여 승계과정 전반에 걸쳐 자문	CEO	

기업	이행방안	책임자	시기/일정
주주의 결정	가업 A의 후계자 지분율과 목표 지분구도의 결정		
세무 계획 수립	세법상 주식가치의 평가		
	세법상 주식가치 인하 방안의 검토		
	주식이동에 따른 절세방안과 자금출처의 확보		
	가업상속 증여특례의 적용가능성 검토		
	창업자금 증여특례의 적용가능성 검토		
	지분이동 방식(양도, 증여, 상속)과 시기의 결정		
	정관 등 관련규정의 변경		
	주식을 가족이 공동 소유할 경우 주주 간 합의서 작성		
기업경영	경영자 코치의 선임		
	경영이념의 정립과 전략경영계획의 수립		
	후계자와 함께 하는 조직혁신		
	다른 기업과의 차별적 경쟁력과 기업가치를 이루는 동인의 파악과 투자		
	갑자기 상속이 개시되었을 경우의 Contingency Plan (비상경영계획안) 수립		

재산과 소유권	이행방안	책임자	시기/일정
가족회의	재산의 배분원칙, 가족의 법률상 상속권리, 평등한 배분과 공평한 배분 개념에 대한 설명과 소통		
재산의 배분	공평한 재산배분원칙의 결정		
	가족구성원별 배분 재산 목록		
	보유재산의 시가와 세법상 재산 가치 평가		
	재산/물건별 소유자와 자산의 개략적인 가치		
	재산의 이동에 따른 절세방안과 자금출처의 확보		
	재산의 이동 방식(양도, 증여, 상속)과 시기의 결정		
공유하는 재산의 소유와 운영에 대한 합의서	가족구성원들이 재산과 기업의 공동소유자가 될 경우 법적으로 유효한 소유자 간의 권리와 의무 및 재산의 양도와 유동성확보 방안을 규정한 합의서 작성		
신탁계약	본인의 의도대로 재산배분이 될 수 있도록 부동산 등에 대한 신탁구조의 설계와 문서화	본인/변호사	
유언장의 작성	본인이 힘이 있을 때 법률적으로 강제력이 있도록 본인의 의사를 반영한 유언장을 작성	본인/변호사	

스스로의 여정

여러분은 이제 자산승계계획에 대한 이해를 마치고, 가족구성원을 승계과정에 참여시켜 가족 개개인의 성장과 가족의 일원으로서 원활한 승계에 기여한다는 자부심을 가지게 한 결과 가족의 화목과 단합을 도모하고 **세대를 이은 재산의 축적**을 가능하게 할 준비를 하셨습니다.

수십 년 동안 노력의 결과가 자산승계과정을 통해 열매를 맺고 이어갈 수 있도록 자신과 가족, 사업체, 임직원, 거래처와 고객뿐만 아니라 지역사회에서의 미래 역할과 함께 번영할 수 있는 방안에 대하여 고민할 때입니다.

이 Workbook이 여러분의 자산승계계획 수립에 조금이나마 도움이 되었기를 바라며 여러분의 자산승계과정에 함께할 수 있기를 기대합니다.

정기적인 자산승계계획의 검토

제행무상(諸行無常)이라 합니다. 기업을 둘러싼 기술, 사회, 법률 등 시장환경은 시시각각 변하고 있습니다. 자녀가 성장하고, 결혼을 하여 가정을 꾸리게 되면 가족관계의 역학관계도 역동적으로 변합니다. 또한, 가족과 기업을 보는 내 마음도 변하고, 기업을 이어받을 후계자의 역량 또한 변하기 마련입니다. 이렇듯 변하지 않는 것이 없으므로 한번 수립한 자산승계계획도 매년 검토하여 수정 보완할 필요가 있습니다.

가족헌장 작성사례

부록

기업이 성장하여 가족이 아닌 사람이 경영진으로 참여하거나, 자식들이 결혼하여 아이를 낳아 가족의 규모가 확대되면 가족헌장 작성을 고려할 수 있습니다.

가족헌장은 전 가족구성원이 참여하여, 서로 소통하고 교감하는 과정을 통해 개발하는데, 부모세대와 자녀세대가 가족과 기업의 이슈에 대해 속 깊은 대화를 나눌 수 있는 기회가 됩니다. 오늘과 같은 재산축적을 가능하게 한 가족의 가치와 전통이 미래세대에 이어지기 위해 가족기업을 영위하는 가족구성원들이 지켜야 할 약속과 원칙, 목표에 대한 합의를 명문화하는 것으로 가족헌장은 가족구성원 모두가 이를 지키겠다는 선언으로 가족 간의 유대를 강화할 수 있는 가장 효과적인 방법으로 여겨집니다.

사례를 들면, 두 아들과 딸이 있는 중견그룹의 회장은 본인이 지배하는 상장회사의 주식과 지배권을 손자 손녀(10명)를 포함한 가족에게 승계하려는 계획을 가지고 세대를 이은 재산의 축적이 가능하도록 가족의 화합을 지키면서 자산을 승계할 수 있는 초석으로 가족헌장을 작성하려고 합니다. 전문가의 도움을 받아, 세 자녀로부터 아래 '가족헌장 작성을 위한 질문'에 대한 회신을 받고, 각자의 회신을 기초로 중요한 차이에 대한 이해와 이를 좁히기 위한 검토과정을 거쳐 수정안을 마련하였습니다.

그런 다음 10명의 손자 손녀들에게도 같은 질문과 회답을 받아 전체 가족구성원, 세대별, 자녀의 가족별로 그 결과를 검토하는 절차를 거친 후, 손자 손녀들 그룹만 따로 만나 그들의 답변에 대해 검토하고 공통적인 사항과 중요한 차이에 대해서도 논의하였습니다.

이 결과를 바탕으로 가족헌장의 초안을 작성하여 의견 차이와 조정을 위해 객관적인 외부전문가와 함께 논의하여 만든 수정된 가족헌장의 초안을 세 자녀를 포함한 10명의 손자 손녀에게 제시하여 검토, 수정, 보완하는 피드백을 받았습니다.

18세 이상 전 가족이 참여한 가족 Workshop을 개최하여 가족헌장이 '세대를 이은 재산의 축적을 가능'하게 하는 기초가 될 수 있도록 가족이 지켜야 할 원칙, 가치, 규정에 대해 합의하고 이를 문서화하였습니다. 이러한 가족헌장은 상장회사를 가족이 공동소유하고, 경영하는 승계의 기초가 될 뿐 아니라, 세대를 이은 재산의 축적이 가능하도록 가족구성원뿐 아니라 여러 세대가 단합하는 접착제 같은 역할을 하게 될 것입니다.

가족헌장 작성을 위한 질문

가족헌장의 초안 작성에 대한 논의를 시작하기에 앞서 아래 질문에 대한 가족구성원의 회답이 필요합니다.

1. 사업이 가족을 연대하게 만드는 '접착제'와 같은 역할을 하고 있는지요?
- 무엇이 가족기업을 성공으로 이끌었다고 믿습니까?
- 가족을 공동체로서 연대하게 하는 '접착제' 같은 역할을 하는 것이 있습니까?
- 가족과 가문의 평판은 어떠한지요?
- 가족으로서 지켜야 할 가치는 어떤 것이 있습니까?

2. 재산
- 귀하와 가족에게 있어서 부(富)와 재산은 어떤 의미를 가지고 있습니까?
- 가족에 있어서 재산의 역할과 목적은 무엇입니까?

3. 가족
- 재산을 소유할 가족구성원에 포함되는 사람은 어떤 사람인지요? (자녀, 자녀의 배우자, 손자녀, 양자)
- 재산을 소유할 가족구성원에서 배제될 경우가 있습니까? (가족 간의 고소고발, 이혼, 죄를 지었을 경우 등)

4. 가족기업과 소유권
- 현재 사업을 가족만이 소유하고자 합니까?
- 본인이 보유한 가족기업의 지분을 다른 가족구성원에게 양도할 수 있는지요?
- 어떤 경우에 가능한지요? (본인의 사망, 자발적 양도 등)
- 이 경우 지분 가액의 결정방법이 있는지요?
- 가족구성원이 소유하는 가족기업의 지분을 가족이 아닌 사람에게 양도가 제한되는지요?
- 어떤 경우에 제3자에게 가족기업의 지분을 양도할 수 있는지요?
- 가족구성원은 가족기업의 협력업체 형태로 거래할 수 있는지요?

5. 가족문제에 대한 의사결정과 의결권
- 가족문제에 대한 의사결정을 위해 가족협의회가 구성될 경우 누가 운영위원회 멤버가 되는지요?
- 가족구성원이 각각 균등한 의결권을 가지면 결의(보통결의, 특별결의 등)의 종류를 구분하는지요?

6. 가족기업의 고용정책과 취업
- 모든 가족구성원은 원할 경우 가족기업에 취업이 보장되는지요?
- 가족기업에 고용된 가족구성원에 대한 보상은 어떻게 결정되는지요?
- 어떤 경우에 가족기업에 근무하다 퇴직하게 되는지요?
- 퇴직은 누가 결정하는지요?

가족헌장(사례)

위 과정을 거쳐 작성한 가족헌장에는 다음의 내용이 포함되지만, 가족 개개인의 특성이나 세대의 발전단계에 따라 달라질 수 있습니다.

가족헌장(Family Charter) 사례

1. 가족헌장의 목적

2. 가족
   2.1 가족이 지켜야 할 원칙과 가치
   2.2 미래 가족의 비전
   2.3 가족구성원의 자격

3. 기업
   3.1 기업의 역사
   3.2 기업이 지켜왔던 핵심가치
   3.3 기업의 사명과 비전
   3.4 기업발전을 위한 가족의 기업에 대한 약속과 헌신

4. 가족구성원의 기업 근무
   4.1 가족기업 근무의 기회
   4.2 고용정책과 보상
   4.3 성과평가와 승진
   4.4 교육훈련
   4.5 해고

4.6 퇴직 정책

5. 가족의 재무관련 이슈
   5.1 기업의 소유권과 주식의 보유
   5.2 주식이동에 관한 정책
   5.3 가족기업의 배당 정책
   5.4 가족기업의 사업계획

6. 가족협의회
   6.1 목적
   6.2 가족협의회의 회원
   6.3 가족협의회 회의
   6.4 가족협의회의 회의 주제(Agenda)와 기능
   6.5 의결권과 의사결정

7. 지역사회와의 관계
   7.1 사회에서의 행동규범
   7.2 구매선 등 거래처와의 관계

8. 기타사항
   8.1 비밀유지 의무
   8.2 갈등과 분쟁의 해결

9. 가족헌장의 유지와 관리
   9.1 가족구성원의 확인과 서명
   9.2 가정헌장의 수정과 보완

참고문헌

강민구, 《인생의 밀도》, 청림출판, 2017

김기백, 《가업승계, 100년 기업을 만든다》, 행복한미래, 2016

김대희·김병헌·박명길·윤동준·조남성, 《CEO출신 코치들의 경영자코칭》, 클라우드나인, 2021

김상헌·최세현, 《가업승계, 명문장수기업의 성공전략》, 쌤앤파커스, 2017

김선화, 《가업승계》, 쌤엔파커스, 2017

나철호, 《상속을 지금 준비하라》, 샘앤북스, 2021

남영호·박근서, 《가족기업론》, 청목출판사, 2008

로이 윌리암스·빅프레이저(박인섭·김병태), 《상속을 준비하라》, 한솔아카데미, 2008

박근서·장지환, 《평생에 걸쳐 이룬 기업 어떻게 물려줄 것인가》, 성도회계법인, 2002

오영표, 《현명한 자산승계와 기업승계를 위한 가족신탁 이론과 실무》, ㈜조세통람, 2020

이소아, 《기성세대가 잘 모르는 MZ세대 6가지 특성》, 중앙일보, 2021

이태영, 《록펠러처럼 자산관리 하라》, 은행나무, 2010

자크 호로비츠, 앤-발레리 올슨-코보즈(김시경), 《기적의 비전 워크숍》, 쌤앤파커스, 2008

장승규, 《존경받는 기업 발렌베리家의 신화》, 새로운제안, 2006

전성철 외, 《가치관 경영》, 쌤앤파커스, 2016

중소기업중앙회, 《중소기업 가업승계안내서》, 2015

최해진, 《경주 최부자 500년의 신화》, 뿌리깊은나무, 2006

크리스토퍼 하워드(김원호), 《비저닝》, 생각의나무, 2006

토니 험프리스(윤영삼), 《가족의 심리학》, 다산초당, 2016

피터 버핏(문수민), 《워런 버핏의 위대한 유산》, 라이프맵, 2010

황성수, 《대한민국 신탁설명서》, 지식과감성, 2021

SBS 스페셜 제작팀, 《밥상머리의 작은 기적》, 리더스북, 2010

Craig E. Aronoff, John L. Ward, 1996, Family Business Governance: Maximizing Family and Business Potential, Business Owner Resources
Developing A Family Charter, Pitcher Partners, 2008
Jane Hilburt-Davis, W.Gibb Dyer, Jr., Consulting to Family Businesses, Pfeiffer, 2002
Randel S.Carlock and John L Ward, Strategic Planning for the Family Business, PALGRAVE, 2001
Richard Shrapnel, Sample Business Evolution Plan, Pitcher Partners, 2013
Richard Shrapnel, Transition, 2017
Kelin E. Gersick, John A. Davis Marion McCollom Hampton, Ivan Davis, Generation to Generation, Harvard Business School Press, 1997

BDO | 성현회계법인

BDO 성현회계법인의
상속증여 및 자산승계 서비스 전문팀

성현회계법인은 세계적인 회계법인 BDO International의 Member Firm으로 감사 및 회계, 세무, 경영자문, 기업거래 서비스를 제공하는 우리나라 최고의 사업서비스 회사를 지향합니다.

성현회계법인은 공인회계사, 세무사, 조세전문가 및 IT분야 전문가뿐만 아니라 일반기업, 금융기관, 국세청 등 유관기관에서 다년간 실무경험을 가진 다수의 전문가들로 구성되어 있으며, 각 분야의 전문가들이 유기적인 협조를 통하여 Synergy를 극대화할 수 있도록 체계적인 조직을 구축하고 있습니다.

CEO라면 누구에게나 언젠가는 사업을 승계해야만 하는 시점이 찾아옵니다. 한 가족의 가장으로서 기업의 최고경영자로서 가업승계계획을 스스로 수립하고 실행하는 것은 쉬운 일이 아닙니다. 성현회계법인의 전문가들은 다양한 형태의 가족과 고객마다의 독특한 가족관계로 인해 승계과정에서 발생할 수 있는 제반 이슈와 그 경향에 대하여 잘 알고 있으며, 기업환경에 대응한 고객의 목표를 파악하고, 명확하게 하여 원하는 결과를 달성할 수 있도록 자문함으로써 성공적으로 가업승계를 마무리하여 새로운 성장의 기회로 삼은 고객들과 함께해왔습니다.

세대를 이은 재산의 축적이 가능하게 하는 자산승계계획 수립에 성현의 전문가와 함께하십시오. 고도로 숙련된 성현회계법인 전문가의 지식과 경험은 평생에 걸쳐 이룩한 재산과 사업을 가족의 화합을 도모하며 최소의 비용으로 후계자에게 이전할 수 있는 솔루션을 제공할 것입니다.

- 최소한의 비용으로 분쟁 없이 재산과 사업을 승계할 수 있는 계획과 실행방안의 수립
- 상속증여세 서비스
  - 상속 증여세 절세 전략 수립
  - 일감 몰아주기 및 일감 떼어주기 관련 사업재편 및 증여세 자문
  - 상속 증여세 신고
  - 가족 간 협의분할을 위한 자문
  - 연부 연납 및 물납 등 상속 증여세 재원 마련에 관한 자문
  - 세무조사 대응지원과 조세불복 업무수행

- 기타 자산승계 지원 서비스
    - 외국 영주권자의 상속 증여세 자문
    - 해외자산에 대한 국내외 세무자문 및 각종 신고의무 자문
    - 상속세법상 보충적 평가방법에 의한 주식평가 관련 자문
    - 명의신탁된 주식의 환원방안 및 주식이동 관련 세무자문
    - 신탁구조의 설계와 운영에 관한 자문
    - 재단법인의 설립과 운영에 관한 자문

BDO 성현회계법인의 상속증여 및 자산승계 서비스 전문가

박근서, 성현회계법인 대표
john.park@bdo.kr

공인회계사, 세무사
현 (사)가족기업학회 부회장, 한국상사중재원 중재인, 법원의 민사조정위원
전 중소기업중앙회 가업승계지원기관 협의회 위원

박주훈, 성현회계법인 파트너
joohoon.park@bdo.kr

공인회계사, 세무사
지주회사 등 기업지배구조, 상속 증여 전문가
세무자문(영리법인&비영리법인), 인수합병 전문

유민수, 성현회계법인 파트너
minsoo.yoo@bdo.kr

공인회계사, 세무사
합병, 분할 등 기업구조조정 전문가
가업승계 검토 및 지분이전 등 상속 증여 컨설팅 전문

박종현, 성현회계법인 이사
jonghyun.park@bdo.kr

세무사
상속세 신고 대리 및 상속 증여 세무조사 지원 전문
가업승계 검토 및 지분이전 등 상속 증여 컨설팅 전문

정성경, 성현회계법인 매니저
sungkyung.jung@bdo.kr

세무사
상속세 신고 대리 및 상속 증여 세무조사 지원 전문
가업승계 검토 및 지분이전 등 상속 증여 컨설팅 전문